TRANZLATY

El idioma es para todos

Bahasa adalah untuk semua orang

El llamado de lo salvaje

Panggilan Alam Liar

Jack London

Español / Bahasa Melayu

Copyright © 2025 Tranzlaty
All rights reserved
Published by Tranzlaty
ISBN: 978-1-80572-869-6
Original text by Jack London
The Call of the Wild
First published in 1903
www.tranzlaty.com

Hacia lo primitivo
Menjadi Primitif

Buck no leía los periódicos.
Buck tidak membaca surat khabar.
Si hubiera leído los periódicos habría sabido que se avecinaban problemas.
Sekiranya dia membaca surat khabar, dia akan tahu masalah sedang berlaku.
Hubo problemas, no sólo para él sino para todos los perros de la marea.
Terdapat masalah bukan sahaja untuk dirinya sendiri, tetapi untuk setiap anjing air pasang.
Todo perro con músculos fuertes y pelo largo y cálido iba a estar en problemas.
Setiap anjing yang kuat otot dan dengan rambut yang hangat dan panjang akan menghadapi masalah.
Desde Puget Bay hasta San Diego ningún perro podía escapar de lo que se avecinaba.
Dari Puget Bay ke San Diego tiada anjing dapat melarikan diri dari apa yang akan datang.
Los hombres, a tientas en la oscuridad del Ártico, encontraron un metal amarillo.
Lelaki, meraba-raba dalam kegelapan Artik, telah menemui logam kuning.
Las compañías navieras y de transporte iban en busca del descubrimiento.
Syarikat kapal wap dan pengangkutan mengejar penemuan itu.
Miles de hombres se precipitaron hacia el norte.
Beribu-ribu lelaki bergegas ke Northland.
Estos hombres querían perros, y los perros que querían eran perros pesados.
Lelaki ini mahukan anjing, dan anjing yang mereka inginkan adalah anjing berat.
Perros con músculos fuertes para trabajar.
Anjing dengan otot yang kuat untuk bekerja keras.

Perros con abrigos peludos para protegerlos de las heladas.
Anjing dengan bulu berbulu untuk melindungi mereka daripada fros.

Buck vivía en una casa grande en el soleado valle de Santa Clara.
Buck tinggal di sebuah rumah besar di Lembah Santa Clara yang dicium matahari.

El lugar del juez Miller, se llamaba su casa.
Di tempat Hakim Miller, rumahnya dipanggil.

Su casa estaba apartada de la carretera, medio oculta entre los árboles.
Rumahnya berdiri di belakang dari jalan, separuh tersembunyi di antara pokok.

Se podían ver destellos de la amplia terraza que rodeaba la casa.
Seseorang boleh melihat sekilas beranda luas yang berjalan di sekeliling rumah.

Se accedía a la casa mediante caminos de grava.
Rumah itu dihampiri oleh jalan masuk berbatu.

Los caminos serpenteaban a través de amplios prados.
Laluan itu meliuk-liuk melalui rumput yang terbentang luas.

Allá arriba se veían las ramas entrelazadas de altos álamos.
Di atas kepala adalah dahan jalinan poplar tinggi.

En la parte trasera de la casa las cosas eran aún más espaciosas.
Di bahagian belakang rumah, keadaan lebih luas.

Había grandes establos, donde una docena de mozos de cuadra charlaban.
Terdapat kandang kuda yang besar, di mana sedozen pengantin lelaki sedang berbual

Había hileras de casas de servicio cubiertas de enredaderas.
Terdapat deretan pondok pelayan berpakaian anggur

Y había una interminable y ordenada serie de letrinas.
Dan terdapat susunan rumah luar yang tidak berkesudahan dan teratur

Largos parrales, verdes pastos, huertos y campos de bayas.

Arbors anggur panjang, padang rumput hijau, dusun, dan tompok beri.
Luego estaba la planta de bombeo del pozo artesiano.
Kemudian terdapat loji pengepaman untuk perigi artesis.
Y allí estaba el gran tanque de cemento lleno de agua.
Dan terdapat tangki simen besar yang dipenuhi air.
Aquí los muchachos del juez Miller dieron su chapuzón matutino.
Di sini anak lelaki Hakim Miller mengambil risiko pagi mereka.
Y allí también se refrescaron en la calurosa tarde.
Dan mereka menyejukkan di sana pada waktu petang yang panas juga.
Y sobre este gran dominio, Buck era quien lo gobernaba todo.
Dan atas domain yang hebat ini, Buck adalah orang yang memerintah semua itu.
Buck nació en esta tierra y vivió aquí todos sus cuatro años.
Buck dilahirkan di tanah ini dan tinggal di sini selama empat tahun.
Efectivamente había otros perros, pero realmente no importaban.
Memang ada anjing lain, tetapi mereka tidak begitu penting.
En un lugar tan vasto como éste se esperaban otros perros.
Anjing lain dijangka berada di tempat yang seluas ini.
Estos perros iban y venían, o vivían dentro de las concurridas perreras.
Anjing-anjing ini datang dan pergi, atau tinggal di dalam kandang yang sibuk.
Algunos perros vivían escondidos en la casa, como Toots e Ysabel.
Beberapa anjing tinggal tersembunyi di dalam rumah, seperti yang dilakukan oleh Toots dan Ysabel.
Toots era un pug japonés, Ysabel una perra mexicana sin pelo.
Toots ialah anjing Jepun, Ysabel anjing Mexico yang tidak berbulu.

Estas extrañas criaturas rara vez salían de la casa.
Makhluk aneh ini jarang melangkah keluar rumah.
No tocaron el suelo ni olieron el aire libre del exterior.
Mereka tidak menyentuh tanah, atau menghidu udara terbuka di luar.
También estaban los fox terriers, al menos veinte en número.
Terdapat juga terrier musang, sekurang-kurangnya dua puluh jumlahnya.
Estos terriers le ladraron ferozmente a Toots y a Ysabel dentro de la casa.
Terrier ini menyalak dengan ganas ke arah Toots dan Ysabel di dalam rumah.
Toots e Ysabel se quedaron detrás de las ventanas, a salvo de todo daño.
Toots dan Ysabel tinggal di belakang tingkap, selamat daripada bahaya.
Estaban custodiados por criadas con escobas y trapeadores.
Mereka dikawal oleh pembantu rumah dengan penyapu dan mop.
Pero Buck no era un perro de casa ni tampoco de perrera.
Tetapi Buck bukan anjing rumah, dan dia juga bukan anjing kennel.
Toda la propiedad pertenecía a Buck como su legítimo reino.
Keseluruhan harta itu adalah milik Buck sebagai kerajaan yang sah.
Buck nadaba en el tanque o salía a cazar con los hijos del juez.
Buck berenang di dalam tangki atau pergi memburu dengan anak-anak Hakim.
Caminaba con Mollie y Alice temprano o tarde.
Dia berjalan bersama Mollie dan Alice pada waktu awal atau lewat.
En las noches frías yacía junto al fuego de la biblioteca con el juez.
Pada malam-malam yang dingin dia berbaring di hadapan kebakaran perpustakaan bersama Hakim.
Buck llevaba a los nietos del juez en su fuerte espalda.

Buck memberi tumpangan kepada cucu Hakim di punggungnya yang kuat.

Se revolcó en el césped con los niños, vigilándolos de cerca.

Dia berguling-guling di rumput bersama budak-budak itu, menjaga mereka dengan ketat.

Se aventuraron hasta la fuente e incluso pasaron por los campos de bayas.

Mereka menjelajah ke air pancut dan juga melepasi ladang beri.

Entre los fox terriers, Buck caminaba siempre con orgullo real.

Di antara terrier musang, Buck sentiasa berjalan dengan bangga diraja.

Él ignoró a Toots y Ysabel, tratándolos como si fueran aire.

Dia tidak mengendahkan Toots dan Ysabel, melayan mereka seperti udara.

Buck reinaba sobre todas las criaturas vivientes en la tierra del juez Miller.

Buck memerintah semua makhluk hidup di tanah Hakim Miller.

Él gobernaba a los animales, a los insectos, a los pájaros e incluso a los humanos.

Dia memerintah haiwan, serangga, burung, dan juga manusia.

El padre de Buck, Elmo, había sido un San Bernardo enorme y leal.

Bapa Buck, Elmo, adalah seorang St. Bernard yang besar dan setia.

Elmo nunca se apartó del lado del juez y le sirvió fielmente.

Elmo tidak pernah meninggalkan pihak Hakim, dan melayaninya dengan setia.

Buck parecía dispuesto a seguir el noble ejemplo de su padre.

Buck nampaknya bersedia untuk mengikuti teladan murni bapanya.

Buck no era tan grande: pesaba ciento cuarenta libras.

Buck tidak begitu besar, seberat seratus empat puluh paun.

Su madre, Shep, había sido una excelente perra pastor escocesa.
Ibunya, Shep, adalah anjing gembala Scotch yang baik.
Pero incluso con ese peso, Buck caminaba con presencia majestuosa.
Tetapi walaupun pada berat itu, Buck berjalan dengan kehadiran agung.
Esto fue gracias a la buena comida y al respeto que siempre recibió.
Ini datang dari makanan yang enak dan penghormatan yang selalu diterimanya.
Durante cuatro años, Buck había vivido como un noble mimado.
Selama empat tahun, Buck telah hidup seperti seorang bangsawan yang manja.
Estaba orgulloso de sí mismo y hasta era un poco egoísta.
Dia bangga dengan dirinya sendiri, malah sedikit ego.
Ese tipo de orgullo era común entre los señores de países remotos.
Kebanggaan seperti itu adalah perkara biasa di kalangan tuan-tuan negara terpencil.
Pero Buck se salvó de convertirse en un perro doméstico mimado.
Tetapi Buck menyelamatkan dirinya daripada menjadi anjing rumah yang dimanjakan.
Se mantuvo delgado y fuerte gracias a la caza y el ejercicio.
Dia kekal kurus dan kuat melalui pemburuan dan senaman.
Amaba profundamente el agua, como la gente que se baña en lagos fríos.
Dia sangat menyukai air, seperti orang yang mandi di tasik yang sejuk.
Este amor por el agua mantuvo a Buck fuerte y muy saludable.
Kecintaan terhadap air ini membuatkan Buck kuat, dan sangat sihat.
Éste era el perro en que se había convertido Buck en el otoño de 1897.

Ini adalah anjing yang Buck telah menjadi pada musim luruh tahun 1897.

Cuando la huelga de Klondike arrastró a los hombres hacia el gélido Norte.
Apabila serangan Klondike menarik lelaki ke Utara beku.

La gente acudió en masa desde todos los rincones del mundo hacia aquella tierra fría.
Orang ramai bergegas dari seluruh dunia ke tanah yang sejuk.

Buck, sin embargo, no leía los periódicos ni entendía las noticias.
Buck, bagaimanapun, tidak membaca kertas itu, atau memahami berita.

Él no sabía que Manuel era un mal hombre con quien estar.
Dia tidak tahu Manuel adalah seorang yang jahat untuk berada di sekelilingnya.

Manuel, que ayudaba en el jardín, tenía un problema profundo.
Manuel, yang membantu di taman, mempunyai masalah yang mendalam.

Manuel era adicto al juego de la lotería china.
Manuel ketagih berjudi dalam loteri Cina.

También creía firmemente en un sistema fijo para ganar.
Dia juga sangat percaya pada sistem tetap untuk menang.

Esa creencia hizo que su fracaso fuera seguro e inevitable.
Kepercayaan itu menjadikan kegagalannya pasti dan tidak dapat dielakkan.

Jugar con un sistema exige dinero, del que Manuel carecía.
Memainkan sistem memerlukan wang, yang kekurangan Manuel.

Su salario apenas alcanzaba para mantener a su esposa y a sus numerosos hijos.
Gajinya hampir tidak dapat menampung isteri dan ramai anak.

La noche en que Manuel traicionó a Buck, las cosas estaban normales.
Pada malam Manuel mengkhianati Buck, keadaan adalah normal.

El juez estaba en una reunión de la Asociación de Productores de Pasas.
Hakim berada di mesyuarat Persatuan Penanam Kismis.
Los hijos del juez estaban entonces ocupados formando un club atlético.
Anak-anak Hakim sedang sibuk membentuk kelab olahraga ketika itu.
Nadie vio a Manuel y Buck salir por el huerto.
Tiada siapa yang melihat Manuel dan Buck pergi melalui kebun.
Buck pensó que esta caminata era simplemente un simple paseo nocturno.
Buck menganggap berjalan kaki ini hanyalah berjalan-jalan pada waktu malam.
Se encontraron con un solo hombre en la estación de la bandera, en College Park.
Mereka hanya bertemu seorang lelaki di stesen bendera, di College Park.
Ese hombre habló con Manuel y intercambiaron dinero.
Lelaki itu bercakap dengan Manuel, dan mereka bertukar wang.
"Envuelva la mercancía antes de entregarla", sugirió.
"Balut barang sebelum anda menghantarnya," dia mencadangkan.
La voz del hombre era áspera e impaciente mientras hablaba.
Suara lelaki itu kasar dan tidak sabar semasa dia bercakap.
Manuel ató cuidadosamente una cuerda gruesa alrededor del cuello de Buck.
Manuel dengan berhati-hati mengikat tali tebal di leher Buck.
"Si retuerces la cuerda, lo estrangularás bastante"
"Pusingkan tali, dan anda akan tercekik dia"
El extraño emitió un gruñido, demostrando que entendía bien.
Orang asing itu merengus, menunjukkan dia faham.
Buck aceptó la cuerda con calma y tranquila dignidad ese día.

Buck menerima tali itu dengan tenang dan bermaruah pada hari itu.

Fue un acto inusual, pero Buck confiaba en los hombres que conocía.

Ia adalah satu tindakan yang luar biasa, tetapi Buck mempercayai lelaki yang dia kenali.

Él creía que su sabiduría iba mucho más allá de su propio pensamiento.

Dia percaya kebijaksanaan mereka melampaui pemikirannya sendiri.

Pero entonces la cuerda fue entregada a manos del extraño.

Tetapi kemudian tali itu diserahkan kepada tangan orang yang tidak dikenali itu.

Buck emitió un gruñido bajo que advertía con una amenaza silenciosa.

Buck memberikan geraman rendah yang memberi amaran dengan ancaman senyap.

Era orgulloso y autoritario y quería mostrar su descontento.

Dia bangga dan memerintah, dan bermaksud untuk menunjukkan rasa tidak senangnya.

Buck creyó que su advertencia sería entendida como una orden.

Buck percaya amarannya akan difahami sebagai perintah.

Para su sorpresa, la cuerda se tensó rápidamente alrededor de su grueso cuello.

Terkejut, tali itu diketatkan pantas di leher tebalnya.

Se quedó sin aire y comenzó a luchar con una furia repentina.

Udaranya terputus dan dia mula melawan secara tiba-tiba.

Saltó hacia el hombre, quien rápidamente se encontró con Buck en el aire.

Dia melompat ke arah lelaki itu, yang segera bertemu Buck di udara.

El hombre agarró la garganta de Buck y lo retorció hábilmente en el aire.

Lelaki itu menangkap kerongkong Buck dan dengan mahir memulasnya ke udara.

Buck fue arrojado al suelo con fuerza, cayendo de espaldas.
Buck dilemparkan ke bawah dengan kuat, mendarat di belakangnya.
La cuerda ahora lo estrangulaba cruelmente mientras él pateaba salvajemente.
Tali itu kini mencekiknya dengan kejam manakala dia menendang liar.
Se le cayó la lengua, su pecho se agitó, pero no recuperó el aliento.
Lidahnya terkeluar, dadanya berombak, tetapi tidak bernafas.
Nunca había sido tratado con tanta violencia en su vida.
Dia tidak pernah dilayan dengan keganasan sebegitu seumur hidupnya.
Tampoco nunca antes se había sentido tan lleno de furia.
Dia juga tidak pernah dipenuhi dengan kemarahan yang begitu mendalam sebelum ini.
Pero el poder de Buck se desvaneció y sus ojos se volvieron vidriosos.
Tetapi kuasa Buck pudar, dan matanya bertukar berkaca.
Se desmayó justo cuando un tren se detuvo cerca.
Dia pengsan ketika kereta api dipandu berhampiran.
Luego los dos hombres lo arrojaron rápidamente al vagón de equipaje.
Kemudian dua lelaki itu mencampakkannya ke dalam kereta bagasi dengan pantas.
Lo siguiente que sintió Buck fue dolor en su lengua hinchada.
Perkara seterusnya yang Buck rasakan ialah sakit pada lidahnya yang bengkak.
Se desplazaba en un carro tambaleante, apenas consciente.
Dia bergerak dalam kereta yang bergoncang, hanya dalam keadaan samar-samar.
El agudo grito del silbato del tren le indicó a Buck su ubicación.
Jeritan tajam wisel kereta memberitahu Buck lokasinya.
Había viajado muchas veces con el Juez y conocía esa sensación.

Dia sering menumpang dengan Hakim dan tahu perasaan itu.
Fue una experiencia única viajar nuevamente en un vagón de equipajes.
Ia adalah kejutan yang unik untuk mengembara dengan kereta bagasi sekali lagi.
Buck abrió los ojos y su mirada ardía de rabia.
Buck membuka matanya, dan pandangannya terbakar dengan kemarahan.
Esta fue la ira de un rey orgulloso destronado.
Ini adalah kemarahan seorang raja yang sombong yang diambil dari takhtanya.
Un hombre intentó agarrarlo, pero Buck lo atacó primero.
Seorang lelaki mencapainya untuk menangkapnya, tetapi Buck lebih dahulu menyerangnya.
Hundió los dientes en la mano del hombre y la sujetó con fuerza.
Dia membenamkan giginya ke dalam tangan lelaki itu dan memegang erat.
No lo soltó hasta que se desmayó por segunda vez.
Dia tidak melepaskan sehingga dia pingsan untuk kali kedua.
—Sí, tiene ataques —murmuró el hombre al maletero.
"Ya, sudah muat," lelaki itu bergumam kepada penjaga bagasi.
El maletero había oído la lucha y se acercó.
Pengangkut barang telah mendengar pergelutan dan mendekat.
"Lo llevaré a Frisco para el jefe", explicó el hombre.
"Saya akan membawanya ke 'Frisco untuk bos," jelas lelaki itu.
"Allí hay un buen veterinario que dice poder curarlos".
"Ada doktor anjing yang baik di sana yang mengatakan dia boleh menyembuhkan mereka."
Más tarde esa noche, el hombre dio su propio relato completo.
Kemudian malam itu lelaki itu memberikan akaun penuhnya sendiri.
Habló desde un cobertizo detrás de un salón en los muelles.
Dia bercakap dari bangsal di belakang saloon di dok.

"Lo único que me dieron fueron cincuenta dólares", se quejó al tabernero.

"Apa yang saya berikan hanyalah lima puluh dolar," dia mengadu kepada lelaki saloon itu.

"No lo volvería a hacer ni por mil dólares en efectivo".

"Saya tidak akan melakukannya lagi, walaupun untuk seribu wang tunai sejuk."

Su mano derecha estaba fuertemente envuelta en un paño ensangrentado.

Tangan kanannya dibalut kemas dengan kain berdarah.

La pernera de su pantalón estaba abierta de par en par desde la rodilla hasta el pie.

Kaki seluarnya terkoyak luas dari lutut ke kaki.

—¿Cuánto le pagaron al otro tipo? —preguntó el tabernero.

"Berapa bayaran mug yang lain itu?" tanya lelaki saloon itu.

"Cien", respondió el hombre, "no aceptaría ni un centavo menos".

"Seratus," lelaki itu menjawab, "dia tidak akan mengambil kurang satu sen pun."

—Eso suma ciento cincuenta —dijo el tabernero.

"Itu sampai seratus lima puluh," kata lelaki saloon itu.

"Y él lo vale todo, o no soy más que un idiota".

"Dan dia berbaloi dengan semua itu, atau saya tidak lebih baik daripada orang bodoh."

El hombre abrió los envoltorios para examinar su mano.

Lelaki itu membuka pembalut untuk memeriksa tangannya.

La mano estaba gravemente desgarrada y cubierta de sangre seca.

Tangan itu koyak teruk dan berkerak darah kering.

"Si no consigo la hidrofobia…" empezó a decir.

"Jika saya tidak mengalami hidrofobia…" dia mula berkata.

"Será porque naciste para la horca", dijo entre risas.

"Ia adalah kerana anda dilahirkan untuk menggantung," terdengar ketawa.

"Ven a ayudarme antes de irte", le pidieron.

"Mari bantu saya sebelum anda pergi," dia diminta.

Buck estaba aturdido por el dolor en la lengua y la garganta.

Buck terpinga-pinga kerana sakit di lidah dan tekaknya.
Estaba medio estrangulado y apenas podía mantenerse en pie.
Dia separuh tercekik, dan hampir tidak dapat berdiri tegak.
Aún así, Buck intentó enfrentar a los hombres que lo habían lastimado.
Namun, Buck cuba berdepan dengan lelaki yang telah menyakitinya begitu.
Pero lo derribaron y lo estrangularon una vez más.
Tetapi mereka melemparkannya dan mencekiknya sekali lagi.
Sólo entonces pudieron quitarle el pesado collar de bronce.
Hanya selepas itu mereka boleh melihat kolar loyangnya yang berat.
Le quitaron la cuerda y lo metieron en una caja.
Mereka mengeluarkan tali dan menolaknya ke dalam peti.
La caja era pequeña y tenía la forma de una tosca jaula de hierro.
Peti itu kecil dan berbentuk seperti sangkar besi yang kasar.
Buck permaneció allí toda la noche, lleno de ira y orgullo herido.
Buck berbaring di sana sepanjang malam, dipenuhi dengan kemarahan dan kebanggaan yang terluka.
No podía ni siquiera empezar a comprender lo que le estaba pasando.
Dia tidak dapat mula memahami apa yang berlaku kepadanya.
¿Por qué estos hombres extraños lo mantenían en esa pequeña caja?
Mengapa lelaki pelik ini menyimpannya di dalam peti kecil ini?
¿Qué querían de él y por qué este cruel cautiverio?
Apa yang mereka mahu dengannya, dan mengapa penahanan yang kejam ini?
Sintió una presión oscura; una sensación de desastre que se acercaba.
Dia merasakan tekanan gelap; rasa bencana semakin dekat.

Era un miedo vago, pero que se apoderó pesadamente de su espíritu.
Ia adalah ketakutan yang samar-samar, tetapi ia sangat kuat pada semangatnya.
Saltó varias veces cuando la puerta del cobertizo vibró.
Beberapa kali dia melompat apabila pintu bangsal bergegar.
Esperaba que el juez o los muchachos aparecieran y lo rescataran.
Dia mengharapkan Hakim atau budak lelaki itu muncul dan menyelamatkannya.
Pero cada vez sólo se asomaba el rostro gordo del tabernero.
Tetapi hanya muka gemuk penjaga saloon yang mengintip ke dalam setiap kali.
El rostro del hombre estaba iluminado por el tenue resplandor de una vela de sebo.
Wajah lelaki itu terpancar cahaya samar-samar lilin.
Cada vez, el alegre ladrido de Buck cambiaba a un gruñido bajo y enojado.
Setiap kali, kulit kayu Buck yang riang berubah menjadi geraman yang rendah dan marah.

El tabernero lo dejó solo durante la noche en el cajón.
Penjaga saloon meninggalkannya sendirian untuk bermalam di dalam peti
Pero cuando se despertó por la mañana, venían más hombres.
Tetapi apabila dia bangun pada waktu pagi lebih ramai lelaki datang.
Llegaron cuatro hombres y recogieron la caja con cuidado y sin decir palabra.
Empat lelaki datang dan dengan berhati-hati mengambil peti itu tanpa sebarang kata.
Buck supo de inmediato en qué situación se encontraba.
Buck segera tahu situasi yang dihadapinya.
Eran otros torturadores contra los que tenía que luchar y a los que tenía que temer.

Mereka adalah penyiksa selanjutnya yang harus dia lawan dan takuti.
Estos hombres parecían malvados, andrajosos y muy mal arreglados.
Lelaki-lelaki ini kelihatan jahat, compang-camping, dan sangat teruk berpakaian.
Buck gruñó y se abalanzó sobre ellos ferozmente a través de los barrotes.
Buck menggeram dan menerjang mereka dengan kuat melalui palang.
Ellos simplemente se rieron y lo golpearon con largos palos de madera.
Mereka hanya ketawa dan mencucuk batang kayu panjang kepadanya.
Buck mordió los palos y luego se dio cuenta de que eso era lo que les gustaba.
Buck menggigit kayu, kemudian menyedari bahawa itulah yang mereka suka.
Así que se quedó acostado en silencio, hosco y ardiendo de rabia silenciosa.
Jadi dia berbaring dengan tenang, merajuk dan terbakar dengan kemarahan yang tenang.
Subieron la caja a un carro y se fueron con él.
Mereka mengangkat peti itu ke dalam gerabak dan memandu pergi bersamanya.
La caja, con Buck encerrado dentro, cambiaba de manos a menudo.
Peti itu, dengan Buck terkunci di dalam, sering bertukar tangan.
Los empleados de la oficina exprés se hicieron cargo de él y lo atendieron brevemente.
Kerani pejabat ekspres mengambil alih dan mengendalikannya secara ringkas.
Luego, otro carro transportó a Buck a través de la ruidosa ciudad.
Kemudian gerabak lain membawa Buck melintasi bandar yang bising itu.

Un camión lo llevó con cajas y paquetes a un ferry.
Sebuah trak membawanya dengan kotak dan bungkusan ke atas bot feri.
Después de cruzar, el camión lo descargó en una estación ferroviaria.
Selepas menyeberang, trak itu memunggahnya di depoh kereta api.
Finalmente, colocaron a Buck dentro de un vagón expreso que lo esperaba.
Akhirnya, Buck diletakkan di dalam kereta ekspres yang menunggu.
Durante dos días y dos noches, los trenes arrastraron el vagón expreso.
Selama dua hari dan malam, kereta api menarik kereta ekspres itu.
Buck no comió ni bebió durante todo el doloroso viaje.
Buck tidak makan atau minum sepanjang perjalanan yang menyakitkan itu.
Cuando los mensajeros expresos intentaron acercarse a él, gruñó.
Apabila utusan ekspres cuba mendekatinya, dia geram.
Ellos respondieron burlándose de él y molestándolo cruelmente.
Mereka membalas dengan mengejeknya dan mengusiknya dengan kejam.
Buck se arrojó contra los barrotes, echando espuma y temblando.
Buck melemparkan dirinya ke bar, berbuih dan berjabat
Se rieron a carcajadas y se burlaron de él como matones del patio de la escuela.
mereka ketawa dengan kuat, dan mengejeknya seperti pembuli sekolah.
Ladraban como perros de caza y agitaban los brazos.
Mereka menyalak seperti anjing palsu dan mengepakkan tangan mereka.
Incluso cantaron como gallos sólo para molestarlo más.

Malah mereka berkokok seperti ayam jantan semata-mata untuk lebih menyusahkannya.

Fue un comportamiento tonto y Buck sabía que era ridículo.
Ia adalah tingkah laku yang bodoh, dan Buck tahu ia tidak masuk akal.

Pero eso sólo profundizó su sentimiento de indignación y vergüenza.
Tetapi itu hanya menambah rasa marah dan malunya.

Durante el viaje no le molestó mucho el hambre.
Dia tidak terlalu terganggu dengan kelaparan sepanjang perjalanan itu.

Pero la sed traía consigo un dolor agudo y un sufrimiento insoportable.
Tetapi kehausan membawa kesakitan yang tajam dan penderitaan yang tidak tertanggung.

Su garganta y lengua secas e inflamadas ardían de calor.
Tekak dan lidahnya yang kering dan meradang terbakar oleh haba.

Este dolor alimentó la fiebre que crecía dentro de su orgulloso cuerpo.
Kesakitan ini menyuburkan demam yang meningkat dalam tubuhnya yang bangga.

Buck estuvo agradecido por una sola cosa durante esta prueba.
Buck bersyukur untuk satu perkara semasa percubaan ini.

Le habían quitado la cuerda que le rodeaba el grueso cuello.
Tali telah ditanggalkan dari leher tebalnya.

La cuerda había dado a esos hombres una ventaja injusta y cruel.
Tali itu telah memberi orang-orang itu kelebihan yang tidak adil dan kejam.

Ahora la cuerda había desaparecido y Buck juró que nunca volvería.
Sekarang tali itu telah hilang, dan Buck bersumpah ia tidak akan kembali.

Decidió que nunca más volvería a pasarle una cuerda al cuello.

Dia memutuskan bahawa tidak ada tali yang akan melilit lehernya lagi.
Durante dos largos días y noches sufrió sin comer.
Selama dua hari dan malam yang panjang, dia menderita tanpa makanan.
Y en esas horas se fue acumulando en su interior una rabia enorme.
Dan pada jam-jam itu, dia membina kemarahan yang sangat besar di dalam.
Sus ojos se volvieron inyectados en sangre y salvajes por la ira constante.
Matanya bertukar merah dan liar kerana kemarahan yang berterusan.
Ya no era Buck, sino un demonio con mandíbulas chasqueantes.
Dia bukan lagi Buck, tetapi syaitan dengan rahang patah.
Ni siquiera el juez habría reconocido a esta loca criatura.
Hakim pun tidak akan mengenali makhluk gila ini.
Los mensajeros exprés suspiraron aliviados cuando llegaron a Seattle.
Para utusan ekspres menghela nafas lega apabila mereka tiba di Seattle
Cuatro hombres levantaron la caja y la llevaron a un patio trasero.
Empat lelaki mengangkat peti dan membawanya ke halaman belakang.
El patio era pequeño, rodeado de muros altos y sólidos.
Halaman itu kecil, dikelilingi oleh dinding yang tinggi dan kukuh.
Un hombre corpulento salió con una camisa roja holgada.
Seorang lelaki berbadan besar melangkah keluar dengan baju sweater merah yang kendur.
Firmó el libro de entrega con letra gruesa y atrevida.
Dia menandatangani buku hantaran dengan tangan yang tebal dan berani.
Buck sintió de inmediato que este hombre era su próximo torturador.

Buck langsung merasakan bahawa lelaki ini adalah penyeksanya yang seterusnya.

Se abalanzó violentamente contra los barrotes, con los ojos rojos de furia.

Dia menerjang dengan ganas di palang, matanya merah menahan marah.

El hombre simplemente sonrió oscuramente y fue a buscar un hacha.

Lelaki itu hanya tersenyum gelap dan pergi mengambil kapak.

También traía un garrote en su gruesa y fuerte mano derecha.

Dia juga membawa kayu di tangan kanannya yang tebal dan kuat.

"¿Vas a sacarlo ahora?" preguntó preocupado el conductor.

"Awak nak bawa dia keluar sekarang?" tanya pemandu itu, prihatin.

—Claro —dijo el hombre, metiendo el hacha en la caja a modo de palanca.

"Tentu," kata lelaki itu, menyekat kapak ke dalam peti sebagai tuas.

Los cuatro hombres se dispersaron instantáneamente y saltaron al muro del patio.

Empat lelaki itu bersurai serta-merta, melompat ke atas dinding halaman.

Desde sus lugares seguros arriba, esperaban para observar el espectáculo.

Dari tempat selamat mereka di atas, mereka menunggu untuk menonton tontonan itu.

Buck se abalanzó sobre la madera astillada, mordiéndola y sacudiéndola ferozmente.

Buck menerkam kayu yang serpihan itu, menggigit dan menggoncang dengan kuat.

Cada vez que el hacha golpeaba la jaula, Buck estaba allí para atacarla.

Setiap kali kapak terkena sangkar), Buck berada di sana untuk menyerangnya.

Gruñó y chasqueó los dientes con furia salvaje, ansioso por ser liberado.
Dia menggeram dan membentak dengan kemarahan liar, tidak sabar-sabar untuk dibebaskan.

El hombre que estaba afuera estaba tranquilo y firme, concentrado en su tarea.
Lelaki di luar itu tenang dan mantap, bersungguh-sungguh dalam tugasnya.

"Muy bien, demonio de ojos rojos", dijo cuando el agujero fue grande.
"Maka, kamu syaitan bermata merah," katanya apabila lubang itu besar.

Dejó caer el hacha y tomó el garrote con su mano derecha.
Dia menjatuhkan kapak dan mengambil kayu di tangan kanannya.

Buck realmente parecía un demonio; con los ojos inyectados en sangre y llameantes.
Buck benar-benar kelihatan seperti syaitan; mata merah dan berkobar-kobar.

Su pelaje se erizó, le salía espuma por la boca y sus ojos brillaban.
Kotnya berbulu, buih berbuih di mulutnya, matanya berkilauan.

Tensó los músculos y se lanzó directamente hacia el suéter rojo.
Dia mengikat ototnya dan melompat terus ke arah baju sejuk merah itu.

Ciento cuarenta libras de furia volaron hacia el hombre tranquilo.
Seratus empat puluh paun kemarahan terbang ke arah lelaki yang tenang itu.

Justo antes de que sus mandíbulas se cerraran, un golpe terrible lo golpeó.
Sejurus sebelum rahangnya terkatup rapat, satu tamparan hebat melanda dirinya.

Sus dientes chasquearon al chocar contra nada más que el aire.

Giginya patah hanya pada udara
Una sacudida de dolor resonó a través de su cuerpo
sentakan kesakitan bergema di seluruh tubuhnya
Dio una vuelta en el aire y se estrelló sobre su espalda y su costado.
Dia membelok ke udara dan terhempas di belakang dan sisi.
Nunca antes había sentido el golpe de un garrote y no podía agarrarlo.
Dia tidak pernah merasakan pukulan kayu sebelum ini dan tidak dapat memahaminya.
Con un gruñido estridente, mitad ladrido, mitad grito, saltó de nuevo.
Dengan jeritan yang menjerit, sebahagian kulit kayu, sebahagian menjerit, dia melompat semula.
Otro golpe brutal lo alcanzó y lo arrojó al suelo.
Satu lagi serangan kejam memukulnya dan menghempasnya ke tanah.
Esta vez Buck lo entendió: era el pesado garrote del hombre.
Kali ini Buck faham—ia adalah kelab berat lelaki itu.
Pero la rabia lo cegó y no pensó en retirarse.
Tetapi kemarahan membutakan dia, dan dia tidak terfikir untuk berundur.
Doce veces se lanzó y doce veces cayó.
Dua belas kali dia melancarkan dirinya, dan dua belas kali dia jatuh.
El palo de madera lo golpeaba cada vez con una fuerza despiadada y aplastante.
Kayu kayu itu menghempasnya setiap kali dengan kekerasan yang kejam dan menghancurkan.
Después de un golpe feroz, se tambaleó hasta ponerse de pie, aturdido y lento.
Selepas satu pukulan yang kuat, dia terhuyung-huyung berdiri, terpinga-pinga dan perlahan.
Le salía sangre de la boca, de la nariz y hasta de las orejas.
Darah mengalir dari mulut, hidung, dan juga telinganya.
Su pelaje, otrora hermoso, estaba manchado de espuma sanguinolenta.

Kotnya yang dulu cantik dilumuri buih berdarah.
Entonces el hombre se adelantó y le dio un golpe tremendo en la nariz.
Kemudian lelaki itu melangkah dan membuat pukulan jahat ke hidung.
La agonía fue más aguda que cualquier cosa que Buck hubiera sentido jamás.
Kesakitan itu lebih tajam daripada apa yang Buck pernah rasa.
Con un rugido más de bestia que de perro, saltó nuevamente para atacar.
Dengan mengaum lebih banyak daripada anjing, dia melompat sekali lagi untuk menyerang.
Pero el hombre se agarró la mandíbula inferior y la torció hacia atrás.
Tetapi lelaki itu menangkap rahang bawahnya dan memusingkannya ke belakang.
Buck se dio una vuelta de cabeza y volvió a caer con fuerza.
Buck menoleh ke belakang, terhempas kuat sekali lagi.
Una última vez, Buck cargó contra él, ahora apenas capaz de mantenerse en pie.
Pada kali terakhir, Buck menyerangnya, kini hampir tidak dapat berdiri.
El hombre atacó con una sincronización experta, dando el golpe final.
Lelaki itu menyerang dengan pemasaan yang pakar, memberikan pukulan terakhir.
Buck se desplomó en un montón, inconsciente e inmóvil.
Buck rebah dalam timbunan, tidak sedarkan diri dan tidak bergerak.
"No es ningún inútil a la hora de domar perros, eso es lo que digo", gritó un hombre.
"Dia tidak lengah dalam memecahkan anjing, itulah yang saya katakan," jerit seorang lelaki.
"Druther puede quebrar la voluntad de un perro cualquier día de la semana".
"Druther boleh mematahkan keinginan anjing pada bila-bila hari dalam seminggu."

"¡Y dos veces el domingo!" añadió el conductor.
"Dan dua kali pada hari Ahad!" tambah pemandu itu.

Se subió al carro y tiró de las riendas para partir.
Dia naik ke dalam gerabak dan memecahkan kekang untuk pergi.

Buck recuperó lentamente el control de su conciencia.
Buck perlahan-lahan mengawal kesedarannya

Pero su cuerpo todavía estaba demasiado débil y roto para moverse.
tetapi badannya masih terlalu lemah dan patah untuk bergerak.

Se quedó donde había caído, observando al hombre del suéter rojo.
Dia berbaring di tempat dia terjatuh sambil memerhatikan lelaki berbaju merah itu.

"Responde al nombre de Buck", dijo el hombre, leyendo en voz alta.
"Dia menjawab nama Buck," kata lelaki itu sambil membaca dengan kuat.

Citó la nota enviada con la caja de Buck y los detalles.
Dia memetik daripada nota yang dihantar bersama peti dan butiran Buck.

—Bueno, Buck, muchacho —continuó el hombre con tono amistoso—.
"Baiklah, Buck, anakku," lelaki itu menyambung dengan nada ramah,

"Hemos tenido nuestra pequeña pelea y ahora todo ha terminado entre nosotros".
"Kami telah bergaduh kecil, dan kini sudah berakhir antara kami."

"Tú has aprendido cuál es tu lugar y yo he aprendido cuál es el mío", añadió.
"Anda telah belajar tempat anda, dan saya telah belajar tempat saya," tambahnya.

"Sé bueno y todo irá bien y la vida será placentera".
"Jadilah baik, maka semuanya akan berjalan lancar, dan hidup akan menyenangkan."

"Pero si te portas mal, te daré una paliza, ¿entiendes?"
"Tetapi jadi buruk, dan saya akan mengalahkan pemadat daripada anda, faham?"

Mientras hablaba, extendió la mano y acarició la cabeza dolorida de Buck.
Sambil bercakap, dia menghulurkan tangan dan menepuk kepala Buck yang sakit.

El cabello de Buck se erizó ante el toque del hombre, pero no se resistió.
Rambut Buck naik apabila disentuh lelaki itu, tetapi dia tidak melawan.

El hombre le trajo agua, que Buck bebió a grandes tragos.
Lelaki itu membawanya air, yang Buck minum dalam tegukan besar.

Luego vino la carne cruda, que Buck devoró trozo a trozo.
Kemudian datang daging mentah, yang Buck memakan ketul demi ketul.

Sabía que estaba derrotado, pero también sabía que no estaba roto.
Dia tahu dia dipukul, tetapi dia juga tahu dia tidak patah.

No tenía ninguna posibilidad contra un hombre armado con un garrote.
Dia tidak mempunyai peluang menentang lelaki yang bersenjatakan kayu.

Había aprendido la verdad y nunca olvidó esa lección.
Dia telah mempelajari kebenaran, dan dia tidak pernah melupakan pelajaran itu.

Esa arma fue el comienzo de la ley en el nuevo mundo de Buck.
Senjata itu adalah permulaan undang-undang di dunia baru Buck.

Fue el comienzo de un orden duro y primitivo que no podía negar.
Ia adalah permulaan perintah yang keras dan primitif yang tidak dapat dia nafikan.

Aceptó la verdad; sus instintos salvajes ahora estaban despiertos.

Dia menerima kebenaran; naluri liarnya kini terjaga.

El mundo se había vuelto más duro, pero Buck lo afrontó con valentía.

Dunia telah menjadi lebih keras, tetapi Buck menghadapinya dengan berani.

Afrontó la vida con nueva cautela, astucia y fuerza silenciosa.

Dia menghadapi kehidupan dengan berhati-hati, licik, dan kekuatan yang tenang.

Llegaron más perros, atados con cuerdas o cajas como había estado Buck.

Lebih banyak anjing tiba, diikat dalam tali atau peti seperti Buck.

Algunos perros llegaron con calma, otros se enfurecieron y pelearon como bestias salvajes.

Beberapa anjing datang dengan tenang, yang lain mengamuk dan bertarung seperti binatang buas.

Todos ellos quedaron bajo el dominio del hombre del suéter rojo.

Kesemua mereka dibawa ke bawah pemerintahan lelaki berbaju merah itu.

Cada vez, Buck observaba y veía cómo se desarrollaba la misma lección.

Setiap kali, Buck memerhati dan melihat pelajaran yang sama berlaku.

El hombre con el garrote era la ley, un amo al que había que obedecer.

Lelaki dengan kelab itu adalah undang-undang; seorang tuan yang harus dipatuhi.

No necesitaba ser querido, pero sí obedecido.

Dia tidak perlu disenangi, tetapi dia harus dipatuhi.

Buck nunca adulaba ni meneaba la cola como lo hacían los perros más débiles.

Buck tidak pernah menjilat atau menggoyang-goyang seperti yang dilakukan oleh anjing yang lebih lemah.

Vio perros que estaban golpeados y todavía lamían la mano del hombre.

Dia melihat anjing yang dipukul dan masih menjilat tangan lelaki itu.

Vio un perro que no obedecía ni se sometía en absoluto.
Dia melihat seekor anjing yang tidak akan patuh atau tunduk sama sekali.

Ese perro luchó hasta que murió en la batalla por el control.
Anjing itu melawan sehingga dia terbunuh dalam pertempuran untuk mengawal.

A veces, desconocidos venían a ver al hombre del suéter rojo.
Orang asing kadang-kadang datang untuk melihat lelaki berbaju merah itu.

Hablaban en tonos extraños, suplicando, negociando y riendo.
Mereka bercakap dalam nada pelik, merayu, tawar-menawar, dan ketawa.

Cuando se intercambiaba dinero, se iban con uno o más perros.
Apabila wang ditukar, mereka pergi dengan satu atau lebih anjing.

Buck se preguntó a dónde habían ido esos perros, pues ninguno regresaba jamás.
Buck tertanya-tanya ke mana anjing-anjing ini pergi, kerana tidak ada yang pernah kembali.

El miedo a lo desconocido llenaba a Buck cada vez que un hombre extraño se acercaba.
ketakutan Buck yang tidak diketahui diisi setiap kali lelaki aneh datang

Se alegraba cada vez que se llevaban a otro perro en lugar de a él mismo.
dia gembira setiap kali anjing lain diambil, bukannya dirinya sendiri.

Pero finalmente, llegó el turno de Buck con la llegada de un hombre extraño.
Tetapi akhirnya, giliran Buck datang dengan kedatangan seorang lelaki pelik.

Era pequeño, fibroso y hablaba un inglés deficiente y decía palabrotas.
Dia kecil, kekar, dan bercakap dalam bahasa Inggeris yang rosak dan kutukan.

—¡Sacredam! —gritó cuando vio el cuerpo de Buck.
"Sacredam!" dia menjerit apabila dia meletakkan mata pada bingkai Buck.

—¡Qué perro tan bravucón! ¿Eh? ¿Cuánto? —preguntó en voz alta.
"Itu seekor anjing pembuli! Eh? Berapa harganya?" dia bertanya dengan kuat.

"Trescientos, y es un regalo a ese precio".
"Tiga ratus, dan dia adalah hadiah pada harga itu,"

—Como es dinero del gobierno, no deberías quejarte, Perrault.
"Memandangkan ia adalah wang kerajaan, anda tidak sepatutnya merungut, Perrault."

Perrault sonrió ante el trato que acababa de hacer con aquel hombre.
Perrault tersengih melihat perjanjian yang baru dibuatnya dengan lelaki itu.

El precio de los perros se disparó debido a la repentina demanda.
Harga anjing telah melambung tinggi kerana permintaan yang mendadak.

Trescientos dólares no era injusto para una bestia tan bella.
Tiga ratus dolar tidak adil untuk binatang yang begitu baik.

El gobierno canadiense no perdería nada con el acuerdo
Kerajaan Kanada tidak akan kehilangan apa-apa dalam perjanjian itu

Además sus despachos oficiales tampoco sufrirían demoras en el tránsito.
Penghantaran rasmi mereka juga tidak akan ditangguhkan dalam transit.

Perrault conocía bien a los perros y podía ver que Buck era algo raro.

Perrault mengenali anjing dengan baik, dan dapat melihat Buck adalah sesuatu yang jarang berlaku.

"Uno entre diez diez mil", pensó mientras estudiaba la complexión de Buck.

"Satu dalam sepuluh sepuluh ribu," fikirnya, sambil mengkaji binaan Buck.

Buck vio que el dinero cambiaba de manos, pero no mostró sorpresa.

Buck melihat wang bertukar tangan, tetapi tidak menunjukkan kejutan.

Pronto él y Curly, un gentil Terranova, fueron llevados lejos.

Tidak lama kemudian dia dan Kerinting, Newfoundland yang lembut, dibawa pergi.

Siguieron al hombrecito desde el patio del suéter rojo.

Mereka mengikut lelaki kecil itu dari halaman baju sejuk merah itu.

Esa fue la última vez que Buck vio al hombre con el garrote de madera.

Itulah yang terakhir Buck pernah melihat lelaki dengan kayu kayu itu.

Desde la cubierta del Narwhal vio cómo Seattle se desvanecía en la distancia.

Dari dek Narwhal dia melihat Seattle memudar ke kejauhan.

También fue la última vez que vio las cálidas tierras del Sur.

Ia juga kali terakhir dia melihat Southland yang hangat.

Perrault los llevó bajo cubierta y los dejó con François.

Perrault membawa mereka ke bawah dek, dan meninggalkan mereka bersama François.

François era un gigante de cara negra y manos ásperas y callosas.

François ialah gergasi berwajah hitam dengan tangan yang kasar dan kapalan.

Era oscuro y moreno, un mestizo francocanadiense.

Dia gelap dan berkulit gelap; keturunan Perancis-Kanada.

Para Buck, estos hombres eran de un tipo que nunca había visto antes.

Bagi Buck, lelaki ini adalah sejenis yang tidak pernah dilihatnya sebelum ini.

En los días venideros conocería a muchos hombres así.

Dia akan mengenali ramai lelaki seperti itu pada hari-hari mendatang.

No llegó a encariñarse con ellos, pero llegó a respetarlos.

Dia tidak menyukai mereka, tetapi dia menghormati mereka.

Eran justos y sabios, y no se dejaban engañar fácilmente por ningún perro.

Mereka adil dan bijak, dan tidak mudah tertipu oleh mana-mana anjing.

Juzgaban a los perros con calma y castigaban sólo cuando lo merecían.

Mereka menilai anjing dengan tenang, dan menghukum hanya apabila patut.

En la cubierta inferior del Narwhal, Buck y Curly se encontraron con dos perros.

Di dek bawah Narwhal, Buck dan Kerinting bertemu dua ekor anjing.

Uno de ellos era un gran perro blanco procedente de la lejana y gélida región de Spitzbergen.

Salah satunya ialah seekor anjing putih besar dari Spitzbergen berais yang jauh.

Una vez navegó con un ballenero y se unió a un grupo de investigación.

Dia pernah belayar dengan pemburu paus dan menyertai kumpulan tinjauan.

Era amigable de una manera astuta, deshonesta y tramposa.

Dia mesra dengan cara yang licik, curang dan licik.

En su primera comida, robó un trozo de carne de la sartén de Buck.

Pada hidangan pertama mereka, dia mencuri sekeping daging dari kuali Buck.

Buck saltó para castigarlo, pero el látigo de François golpeó primero.

Buck melompat untuk menghukumnya, tetapi cambuk François melanda terlebih dahulu.

El ladrón blanco gritó y Buck recuperó el hueso robado.
Pencuri putih menjerit, dan Buck menuntut semula tulang yang dicuri.
Esa imparcialidad impresionó a Buck y François se ganó su respeto.
Keadilan itu mengagumkan Buck, dan François mendapat penghormatannya.
El otro perro no saludó y no quiso recibir saludos a cambio.
Anjing yang lain tidak memberi salam, dan tidak mahu membalas.
No robaba comida ni olfateaba con interés a los recién llegados.
Dia tidak mencuri makanan, atau menghidu orang baru dengan penuh minat.
Este perro era sombrío y silencioso, melancólico y de movimientos lentos.
Anjing ini suram dan pendiam, muram dan bergerak perlahan.
Le advirtió a Curly que se mantuviera alejada simplemente mirándola fijamente.
Dia memberi amaran kepada Kerinting supaya menjauhkan diri dengan hanya menjeling ke arahnya.
Su mensaje fue claro: déjenme en paz o habrá problemas.
Mesejnya jelas; biarkan saya sendiri atau akan ada masalah.
Se llamaba Dave y apenas se fijaba en su entorno.
Dia dipanggil Dave, dan dia hampir tidak menyedari persekitarannya.
Dormía a menudo, comía tranquilamente y bostezaba de vez en cuando.
Dia sering tidur, makan dengan tenang, dan menguap sekali-kali.

El barco zumbaba constantemente con la hélice golpeando debajo.
Kapal itu berdengung sentiasa dengan kipas yang dipukul di bawah.

Los días pasaron con pocos cambios, pero el clima se volvió más frío.
Hari berlalu dengan sedikit perubahan, tetapi cuaca semakin sejuk.
Buck podía sentirlo en sus huesos y notó que los demás también lo sentían.
Buck dapat merasakannya dalam tulangnya, dan perasan yang lain juga.
Entonces, una mañana, la hélice se detuvo y todo quedó en silencio.
Kemudian pada suatu pagi, kipas itu berhenti dan semuanya diam.
Una energía recorrió la nave; algo había cambiado.
Tenaga menyapu melalui kapal; sesuatu telah berubah.
François bajó, les puso las correas y los trajo arriba.
François turun, mengikatnya pada tali, dan membawanya ke atas.
Buck salió y encontró el suelo suave, blanco y frío.
Buck melangkah keluar dan mendapati tanah itu lembut, putih, dan sejuk.
Saltó hacia atrás alarmado y resopló totalmente confundido.
Dia melompat ke belakang dalam ketakutan dan mendengus dalam kekeliruan.
Una extraña sustancia blanca caía del cielo gris.
Benda putih pelik jatuh dari langit kelabu.
Se sacudió, pero los copos blancos seguían cayendo sobre él.
Dia menggoncang dirinya sendiri, tetapi kepingan putih itu terus mendarat di atasnya.
Olió con cuidado la sustancia blanca y lamió algunos trocitos helados.
Dia menghidu barang putih itu dengan berhati-hati dan menjilat beberapa ketulan berais.
El polvo ardió como fuego y luego desapareció de su lengua.
Serbuk itu terbakar seperti api, kemudian hilang terus dari lidahnya.
Buck lo intentó de nuevo, desconcertado por la extraña frialdad que desaparecía.

Buck mencuba lagi, hairan dengan kesejukan yang hilang.
Los hombres que lo rodeaban se rieron y Buck se sintió avergonzado.
Lelaki di sekelilingnya ketawa, dan Buck berasa malu.
No sabía por qué, pero le avergonzaba su reacción.
Dia tidak tahu kenapa, tetapi dia malu dengan reaksinya.
Fue su primera experiencia con la nieve y le confundió.
Ia adalah pengalaman pertamanya dengan salji, dan ia mengelirukan dia.

La ley del garrote y el colmillo
Undang-undang Kelab dan Fang

El primer día de Buck en la playa de Dyea se sintió como una terrible pesadilla.
Hari pertama Buck di pantai Dyea terasa seperti mimpi ngeri yang dahsyat.

Cada hora traía nuevas sorpresas y cambios inesperados para Buck.
Setiap jam membawa kejutan baru dan perubahan yang tidak dijangka untuk Buck.

Lo habían sacado de la civilización y lo habían arrojado a un caos salvaje.
Dia telah ditarik dari tamadun dan dilemparkan ke dalam keadaan huru-hara.

Aquella no era una vida soleada y tranquila, llena de aburrimiento y descanso.
Ini bukan kehidupan yang cerah dan malas dengan kebosanan dan rehat.

No había paz, ni descanso, ni momento sin peligro.
Tiada kedamaian, tiada rehat, dan tiada saat tanpa bahaya.

La confusión lo dominaba todo y el peligro siempre estaba cerca.
Kekeliruan menguasai segala-galanya, dan bahaya sentiasa dekat.

Buck tuvo que mantenerse alerta porque estos hombres y perros eran diferentes.
Buck terpaksa berjaga-jaga kerana lelaki dan anjing ini berbeza.

No eran de pueblos; eran salvajes y sin piedad.
Mereka bukan dari bandar; mereka liar dan tanpa belas kasihan.

Estos hombres y perros sólo conocían la ley del garrote y el colmillo.
Lelaki dan anjing ini hanya tahu undang-undang kelab dan taring.

Buck nunca había visto perros pelear como estos salvajes huskies.
Buck tidak pernah melihat anjing bergaduh seperti serak ganas ini.
Su primera experiencia le enseñó una lección que nunca olvidaría.
Pengalaman pertamanya mengajarnya satu pengajaran yang tidak akan dapat dilupakannya.
Tuvo suerte de que no fuera él, o habría muerto también.
Dia bernasib baik itu bukan dia, atau dia akan mati juga.
Curly fue el que sufrió mientras Buck observaba y aprendía.
Kerinting adalah orang yang menderita semasa Buck menonton dan belajar.
Habían acampado cerca de una tienda construida con troncos.
Mereka telah membuat perkhemahan berhampiran sebuah kedai yang dibina daripada kayu balak.
Curly intentó ser amigable con un husky grande, parecido a un lobo.
Kerinting cuba mesra dengan seekor serak yang besar seperti serigala.
El husky era más pequeño que Curly, pero parecía salvaje y malvado.
Husky itu lebih kecil daripada Kerinting, tetapi kelihatan liar dan jahat.
Sin previo aviso, saltó y le abrió el rostro.
Tanpa amaran, dia melompat dan menetak mukanya.
Sus dientes la atravesaron desde el ojo hasta la mandíbula en un solo movimiento.
Giginya dipotong dari matanya hingga ke rahang dalam satu gerakan.
Así era como peleaban los lobos: golpeaban rápido y saltaban.
Beginilah cara serigala bertarung—memukul dengan pantas dan melompat pergi.
Pero había mucho más que aprender de ese único ataque.

Tetapi banyak lagi yang perlu dipelajari daripada serangan itu.

Decenas de huskies entraron corriendo y formaron un círculo silencioso.
Berpuluh-puluh huskies meluru masuk dan membuat bulatan senyap.

Observaron atentamente y se lamieron los labios con hambre.
Mereka memerhati dengan teliti dan menjilat bibir kerana kelaparan.

Buck no entendió su silencio ni sus miradas ansiosas.
Buck tidak memahami kesunyian mereka atau mata mereka yang bersemangat.

Curly se apresuró a atacar al husky por segunda vez.
Kerinting meluru menyerang husky buat kali kedua.

Él usó su pecho para derribarla con un movimiento fuerte.
Dia menggunakan dadanya untuk menjatuhkannya dengan gerakan yang kuat.

Ella cayó de lado y no pudo levantarse más.
Dia jatuh terlentang dan tidak dapat bangun semula.

Eso era lo que los demás habían estado esperando todo el tiempo.
Itulah yang ditunggu-tunggu oleh yang lain selama ini.

Los perros esquimales saltaron sobre ella, aullando y gruñendo frenéticamente.
Huskies melompat ke atasnya, menjerit dan menggeram dalam kegilaan.

Ella gritó cuando la enterraron bajo una pila de perros.
Dia menjerit ketika mereka menanamnya di bawah timbunan anjing.

El ataque fue tan rápido que Buck se quedó paralizado por la sorpresa.
Serangan itu begitu pantas sehingga Buck terkaku di tempatnya kerana terkejut.

Vio a Spitz sacar la lengua de una manera que parecía una risa.

Dia melihat Spitz menjelirkan lidahnya dengan cara yang kelihatan seperti ketawa.

François cogió un hacha y corrió directamente hacia el grupo de perros.

François mengambil kapak dan berlari terus ke dalam kumpulan anjing itu.

Otros tres hombres usaron palos para ayudar a ahuyentar a los perros esquimales.

Tiga lelaki lain menggunakan kayu untuk membantu mengalahkan huskies itu.

En sólo dos minutos, la pelea terminó y los perros desaparecieron.

Hanya dalam masa dua minit, pergaduhan telah berakhir dan anjing-anjing itu telah hilang.

Curly yacía muerta en la nieve roja y pisoteada, con su cuerpo destrozado.

Kerinting terbaring mati di dalam salji merah yang dipijak, badannya terkoyak.

Un hombre de piel oscura estaba de pie sobre ella, maldiciendo la brutal escena.

Seorang lelaki berkulit gelap berdiri di atasnya, mengutuk adegan kejam itu.

El recuerdo permaneció con Buck y atormentó sus sueños por la noche.

Kenangan itu kekal bersama Buck dan menghantui mimpinya pada waktu malam.

Así era aquí: sin justicia, sin segundas oportunidades.

Itulah caranya di sini; tiada keadilan, tiada peluang kedua.

Una vez que un perro caía, los demás lo mataban sin piedad.

Apabila seekor anjing jatuh, yang lain akan membunuh tanpa belas kasihan.

Buck decidió entonces que nunca se permitiría caer.

Buck memutuskan bahawa dia tidak akan membiarkan dirinya jatuh.

Spitz volvió a sacar la lengua y se rió de la sangre.

Spitz menjelirkan lidahnya lagi dan ketawa melihat darah itu.

Desde ese momento, Buck odió a Spitz con todo su corazón.

Sejak saat itu, Buck membenci Spitz sepenuh hati.

Antes de que Buck pudiera recuperarse de la muerte de Curly, sucedió algo nuevo.
Sebelum Buck pulih daripada kematian Kerinting, sesuatu yang baru berlaku.
François se acercó y ató algo alrededor del cuerpo de Buck.
François datang dan mengikat sesuatu pada badan Buck.
Era un arnés como los que usaban los caballos en el rancho.
Ia adalah abah-abah seperti yang digunakan pada kuda di ladang.
Así como Buck había visto trabajar a los caballos, ahora él también estaba obligado a trabajar.
Memandangkan Buck telah melihat kuda berfungsi, kini dia juga terpaksa bekerja.
Tuvo que arrastrar a François en un trineo hasta el bosque cercano.
Dia terpaksa menarik François menaiki kereta luncur ke dalam hutan berhampiran.
Después tuvo que arrastrar una carga de leña pesada.
Kemudian dia terpaksa menarik balik muatan kayu api yang berat.
Buck era orgulloso, por eso le dolía que lo trataran como a un animal de trabajo.
Buck bangga, jadi ia menyakitkan dia untuk dilayan seperti haiwan kerja.
Pero él era sabio y no intentó luchar contra la nueva situación.
Tetapi dia bijak dan tidak cuba melawan keadaan baru.
Aceptó su nueva vida y dio lo mejor de sí en cada tarea.
Dia menerima kehidupan barunya dan memberikan yang terbaik dalam setiap tugas.
Todo en la obra le resultaba extraño y desconocido.
Segala-galanya tentang kerja itu pelik dan tidak dikenalinya.
Francisco era estricto y exigía obediencia sin demora.
François tegas dan menuntut ketaatan tanpa berlengah-lengah.

Su látigo garantizaba que cada orden fuera seguida al instante.
Pecutnya memastikan setiap arahan dituruti sekali gus.
Dave era el que conducía el trineo, el perro que estaba más cerca de él, detrás de Buck.
Dave adalah pemandu roda, anjing yang paling hampir dengan kereta luncur di belakang Buck.
Dave mordió a Buck en las patas traseras si cometía un error.
Dave menggigit kaki belakang Buck jika dia membuat kesilapan.
Spitz era el perro líder, hábil y experimentado en su función.
Spitz ialah anjing utama, mahir dan berpengalaman dalam peranan itu.
Spitz no pudo alcanzar a Buck fácilmente, pero aún así lo corrigió.
Spitz tidak dapat menghubungi Buck dengan mudah, tetapi masih membetulkannya.
Gruñó con dureza o tiró del trineo de maneras que le enseñaron a Buck.
Dia menggeram dengan kasar atau menarik kereta luncur dengan cara yang mengajar Buck.
Con este entrenamiento, Buck aprendió más rápido de lo que cualquiera de ellos esperaba.
Di bawah latihan ini, Buck belajar lebih cepat daripada yang mereka jangkakan.
Trabajó duro y aprendió tanto de François como de los otros perros.
Dia bekerja keras dan belajar daripada François dan anjing lain.
Cuando regresaron, Buck ya conocía los comandos clave.
Pada masa mereka kembali, Buck sudah tahu arahan utama.
Aprendió a detenerse al oír la palabra "ho" gracias a François.
Dia belajar untuk berhenti pada bunyi "ho" dari François.
Aprendió cuando tenía que tirar del trineo y correr.
Dia belajar apabila dia terpaksa menarik kereta luncur dan berlari.

Aprendió a girar abiertamente en las curvas del camino sin problemas.
Dia belajar membelok lebar di selekoh di denai tanpa masalah.
También aprendió a evitar a Dave cuando el trineo descendía rápidamente.
Dia juga belajar untuk mengelakkan Dave apabila kereta luncur itu menuruni bukit dengan pantas.
"Son perros muy buenos", le dijo orgulloso François a Perrault.
"Mereka anjing yang sangat baik," François dengan bangga memberitahu Perrault.
"Ese Buck tira como un demonio. Le enseño rapidísimo".
"Buck itu menarik seperti neraka-saya mengajarnya secepat mungkin."

Más tarde ese día, Perrault regresó con dos perros husky más.
Kemudian pada hari itu, Perrault kembali dengan dua lagi anjing serak.
Se llamaban Billee y Joe y eran hermanos.
Nama mereka ialah Billee dan Joe, dan mereka adalah adik beradik.
Venían de la misma madre, pero no se parecían en nada.
Mereka berasal dari ibu yang sama, tetapi tidak serupa sama sekali.
Billee era de carácter dulce y muy amigable con todos.
Billee seorang yang manis dan terlalu mesra dengan semua orang.
Joe era todo lo contrario: tranquilo, enojado y siempre gruñendo.
Joe adalah sebaliknya—pendiam, marah, dan sentiasa merengus.
Buck los saludó de manera amigable y se mostró tranquilo con ambos.
Buck menyambut mereka dengan mesra dan tenang dengan kedua-duanya.

Dave no les prestó atención y permaneció en silencio como siempre.
Dave tidak menghiraukan mereka dan diam seperti biasa.
Spitz atacó primero a Billee, luego a Joe, para demostrar su dominio.
Spitz menyerang Billee pertama, kemudian Joe, untuk menunjukkan penguasaannya.
Billee movió la cola y trató de ser amigable con Spitz.
Billee mengibas-ngibaskan ekornya dan cuba bersikap mesra dengan Spitz.
Cuando eso no funcionó, intentó huir.
Apabila itu tidak berjaya, dia cuba melarikan diri sebaliknya.
Lloró tristemente cuando Spitz lo mordió fuerte en el costado.
Dia menangis sedih apabila Spitz menggigitnya kuat di sebelah.
Pero Joe era muy diferente y se negaba a dejarse intimidar.
Tetapi Joe sangat berbeza dan enggan dibuli.
Cada vez que Spitz se acercaba, Joe giraba rápidamente para enfrentarlo.
Setiap kali Spitz mendekat, Joe berpusing menghadapnya dengan pantas.
Su pelaje se erizó, sus labios se curvaron y sus dientes chasquearon salvajemente.
Bulunya berbulu, bibirnya melengkung, dan giginya berketap liar.
Los ojos de Joe brillaron de miedo y rabia, desafiando a Spitz a atacar.
Mata Joe bersinar-sinar dengan ketakutan dan kemarahan, berani Spitz untuk menyerang.
Spitz abandonó la lucha y se alejó, humillado y enojado.
Spitz berputus asa dan berpaling, terhina dan marah.
Descargó su frustración en el pobre Billee y lo ahuyentó.
Dia meluahkan kekecewaannya pada Billee yang malang dan menghalaunya.
Esa noche, Perrault añadió un perro más al equipo.

Petang itu, Perrault menambah satu lagi anjing kepada pasukan itu.

Este perro era viejo, delgado y cubierto de cicatrices de batalla.

Anjing ini sudah tua, kurus, dan dipenuhi parut pertempuran.

Le faltaba un ojo, pero el otro brillaba con poder.

Sebelah matanya hilang, tetapi sebelah lagi berkelip dengan kuasa.

El nombre del nuevo perro era Solleks, que significaba "el enojado".

Nama anjing baru itu ialah Solleks, yang bermaksud Si Marah.

Al igual que Dave, Solleks no pidió nada a los demás y no dio nada a cambio.

Seperti Dave, Solleks tidak meminta apa-apa daripada orang lain, dan tidak membalas apa-apa.

Cuando Solleks entró lentamente al campamento, incluso Spitz se mantuvo alejado.

Apabila Solleks berjalan perlahan-lahan ke kem, malah Spitz menjauhkan diri.

Tenía un hábito extraño que Buck tuvo la mala suerte de descubrir.

Dia mempunyai tabiat aneh yang Buck tidak bernasib baik untuk menemuinya.

A Solleks le disgustaba que se acercaran a él por el lado donde estaba ciego.

Solleks benci didekati di sebelah dia buta.

Buck no sabía esto y cometió ese error por accidente.

Buck tidak tahu ini dan membuat kesilapan itu secara tidak sengaja.

Solleks se dio la vuelta y cortó el hombro de Buck profunda y rápidamente.

Solleks berpusing dan menetak bahu Buck dalam dan pantas.

A partir de ese momento, Buck nunca se acercó al lado ciego de Solleks.

Sejak saat itu, Buck tidak pernah mendekati sisi buta Solleks.

Nunca volvieron a tener problemas durante el resto del tiempo que estuvieron juntos.

Mereka tidak pernah mengalami masalah lagi sepanjang masa mereka bersama.

Solleks sólo quería que lo dejaran solo, como el tranquilo Dave.

Solleks hanya mahu ditinggalkan sendirian, seperti Dave yang pendiam.

Pero Buck se enteraría más tarde de que cada uno tenía otro objetivo secreto.

Tetapi Buck kemudiannya akan mengetahui bahawa mereka masing-masing mempunyai matlamat rahsia yang lain.

Esa noche, Buck se enfrentó a un nuevo y preocupante desafío: cómo dormir.

Malam itu Buck menghadapi cabaran baru dan merisaukan—cara tidur.

La tienda brillaba cálidamente con la luz de las velas en el campo nevado.

Khemah itu bercahaya mesra dengan cahaya lilin di padang bersalji.

Buck entró, pensando que podría descansar allí como antes.

Buck masuk ke dalam, memikirkan dia boleh berehat di sana seperti sebelum ini.

Pero Perrault y François le gritaron y le lanzaron sartenes.

Tetapi Perrault dan François menjerit kepadanya dan membaling kuali.

Sorprendido y confundido, Buck corrió hacia el frío helado.

Terkejut dan keliru, Buck berlari keluar ke dalam kesejukan yang membeku.

Un viento amargo le azotó el hombro herido y le congeló las patas.

Angin pahit menyengat bahunya yang cedera dan membekukan kakinya.

Se tumbó en la nieve y trató de dormir al aire libre.

Dia berbaring di salji dan cuba tidur di tempat terbuka.

Pero el frío pronto le obligó a levantarse de nuevo, temblando mucho.

Tetapi kesejukan tidak lama kemudian memaksanya untuk bangun semula, menggigil teruk.

Deambuló por el campamento intentando encontrar un lugar más cálido.
Dia bersiar-siar di kem, cuba mencari tempat yang lebih hangat.
Pero cada rincón estaba tan frío como el anterior.
Tetapi setiap sudut adalah sama sejuk seperti yang sebelum ini.
A veces, perros salvajes saltaban sobre él desde la oscuridad.
Kadang-kadang anjing buas melompat ke arahnya dari kegelapan.
Buck erizó su pelaje, mostró los dientes y gruñó en señal de advertencia.
Buck berbulu bulunya, menampakkan giginya, dan menggeram dengan amaran.
Estaba aprendiendo rápido y los otros perros se alejaban rápidamente.
Dia belajar dengan cepat, dan anjing lain berundur dengan cepat.
Aún así, no tenía dónde dormir ni idea de qué hacer.
Namun, dia tidak mempunyai tempat untuk tidur, dan tidak tahu apa yang perlu dilakukan.
Por fin se le ocurrió una idea: ver cómo estaban sus compañeros de equipo.
Akhirnya, terlintas di fikirannya—periksa rakan sepasukannya.
Regresó a su zona y se sorprendió al descubrir que habían desaparecido.
Dia kembali ke kawasan mereka dan terkejut apabila mendapati mereka sudah tiada.
Nuevamente buscó por todo el campamento, pero todavía no pudo encontrarlos.
Sekali lagi dia mencari kem itu, tetapi masih tidak menjumpai mereka.
Sabía que ellos no podían estar en la tienda, o él también lo estaría.
Dia tahu mereka tidak boleh berada di dalam khemah, atau dia akan turut.

Entonces ¿a dónde se habían ido todos los perros en este campamento helado?
Jadi ke mana perginya semua anjing di kem beku ini?
Buck, frío y miserable, caminó lentamente alrededor de la tienda.
Buck, sejuk dan sengsara, perlahan-lahan mengelilingi khemah.
De repente, sus patas delanteras se hundieron en la nieve blanda y lo sobresaltó.
Tiba-tiba, kaki depannya tenggelam ke dalam salji lembut dan mengejutkannya.
Algo se movió bajo sus pies y saltó hacia atrás asustado.
Sesuatu menggeliat di bawah kakinya, dan dia melompat ke belakang kerana ketakutan.
Gruñó y rugió sin saber qué había debajo de la nieve.
Dia menggeram dan menggeram, tidak tahu apa yang ada di bawah salji.
Entonces oyó un ladrido amistoso que alivió su miedo.
Kemudian dia mendengar kulit kayu kecil yang mesra yang meredakan ketakutannya.
Olfateó el aire y se acercó para ver qué estaba oculto.
Dia menghidu udara dan mendekat untuk melihat apa yang tersembunyi.
Bajo la nieve, acurrucada en una bola cálida, estaba la pequeña Billee.
Di bawah salji, melengkung menjadi bola hangat, adalah Billee kecil.
Billee movió la cola y lamió la cara de Buck para saludarlo.
Billee mengibaskan ekornya dan menjilat muka Buck untuk menyambutnya.
Buck vio cómo Billee había hecho un lugar para dormir en la nieve.
Buck melihat bagaimana Billee telah membuat tempat tidur di dalam salji.
Había cavado y usado su propio calor para mantenerse caliente.

Dia telah menggali dan menggunakan habanya sendiri untuk kekal hangat.

Buck había aprendido otra lección: así era como dormían los perros.

Buck telah belajar satu lagi pelajaran—beginilah anjing-anjing itu tidur.

Eligió un lugar y comenzó a cavar su propio hoyo en la nieve.

Dia memilih tempat dan mula menggali lubang sendiri di salji.

Al principio, se movía demasiado y desperdiciaba energía.

Pada mulanya, dia terlalu banyak bergerak dan membuang tenaga.

Pero pronto su cuerpo calentó el espacio y se sintió seguro.

Tetapi tidak lama kemudian badannya menghangatkan ruang, dan dia berasa selamat.

Se acurrucó fuertemente y al poco tiempo estaba profundamente dormido.

Dia meringkuk rapat, dan tidak lama kemudian dia tertidur.

El día había sido largo y duro, y Buck estaba exhausto.

Hari yang panjang dan sukar, dan Buck telah letih.

Durmió profundamente y cómodamente, aunque sus sueños fueron salvajes.

Dia tidur dengan nyenyak dan selesa, walaupun mimpinya liar.

Gruñó y ladró mientras dormía, retorciéndose mientras soñaba.

Dia menggeram dan menyalak dalam tidurnya, berpusing sambil bermimpi.

Buck no se despertó hasta que el campamento ya estaba cobrando vida.

Buck tidak bangun sehingga kem itu sudah mula hidup.

Al principio, no sabía dónde estaba ni qué había sucedido.

Pada mulanya, dia tidak tahu di mana dia berada atau apa yang telah berlaku.

Había nevado durante la noche y había enterrado completamente su cuerpo.
Salji telah turun semalaman dan membenamkan tubuhnya sepenuhnya.
La nieve lo apretaba por todos lados.
Salji menyelubunginya, ketat di semua sisi.
De repente, una ola de miedo recorrió todo el cuerpo de Buck.
Tiba-tiba gelombang ketakutan menyerbu seluruh tubuh Buck.
Era el miedo a quedar atrapado, un miedo que provenía de instintos profundos.
Ia adalah ketakutan untuk terperangkap, ketakutan dari naluri yang mendalam.
Aunque nunca había visto una trampa, el miedo vivía dentro de él.
Walaupun dia tidak pernah melihat perangkap, ketakutan itu hidup dalam dirinya.
Era un perro domesticado, pero ahora sus viejos instintos salvajes estaban despertando.
Dia adalah seekor anjing yang jinak, tetapi kini naluri liarnya yang lama terjaga.
Los músculos de Buck se tensaron y se le erizó el pelaje por toda la espalda.
Otot Buck menjadi tegang, dan bulunya berdiri di seluruh punggungnya.
Gruñó ferozmente y saltó hacia arriba a través de la nieve.
Dia menggeram dengan kuat dan melompat terus ke atas melalui salji.
La nieve voló en todas direcciones cuando estalló la luz del día.
Salji berterbangan ke setiap arah ketika dia mencecah cahaya matahari.
Incluso antes de aterrizar, Buck vio el campamento extendido ante él.
Malah sebelum mendarat, Buck melihat kem itu tersebar di hadapannya.

Recordó todo del día anterior, de repente.
Dia mengingati segala-galanya dari hari sebelumnya, sekaligus.
Recordó pasear con Manuel y terminar en ese lugar.
Dia teringat berjalan-jalan dengan Manuel dan berakhir di tempat ini.
Recordó haber cavado el hoyo y haberse quedado dormido en el frío.
Dia ingat menggali lubang dan tertidur dalam kesejukan.
Ahora estaba despierto y el mundo salvaje que lo rodeaba estaba claro.
Sekarang dia terjaga, dan dunia liar di sekelilingnya jelas.
Un grito de François saludó la repentina aparición de Buck.
Jeritan dari François memuji kemunculan Buck secara tiba-tiba.
—¿Qué te dije? —gritó en voz alta el conductor del perro a Perrault.
"Apa yang saya cakap?" pemandu anjing itu menangis dengan kuat kepada Perrault.
"Ese Buck sin duda aprende muy rápido", añadió François.
"Buck itu pastinya belajar dengan pantas," tambah François.
Perrault asintió gravemente, claramente satisfecho con el resultado.
Perrault mengangguk serius, jelas gembira dengan hasilnya.
Como mensajero del gobierno canadiense, transportaba despachos.
Sebagai kurier untuk Kerajaan Kanada, dia membawa kiriman.
Estaba ansioso por encontrar los mejores perros para su importante misión.
Dia tidak sabar-sabar untuk mencari anjing terbaik untuk misi pentingnya.
Se sintió especialmente complacido ahora que Buck era parte del equipo.
Dia berasa sangat gembira sekarang bahawa Buck adalah sebahagian daripada pasukan.
Se agregaron tres huskies más al equipo en una hora.

Tiga lagi huskie telah ditambah kepada pasukan dalam masa sejam.

Eso elevó el número total de perros en el equipo a nueve.

Itu menjadikan jumlah anjing dalam pasukan kepada sembilan.

En quince minutos todos los perros estaban en sus arneses.

Dalam masa lima belas minit semua anjing berada dalam abah-abah mereka.

El equipo de trineos avanzaba por el sendero hacia Dyea Cañón.

Pasukan kereta luncur sedang menghayun laluan ke arah Dyea Cañón.

Buck se sintió contento de partir, incluso si el trabajo que tenía por delante era duro.

Buck berasa gembira untuk pergi, walaupun kerja di hadapan adalah sukar.

Descubrió que no despreciaba especialmente el trabajo ni el frío.

Dia mendapati dia tidak begitu menghina buruh atau kesejukan.

Le sorprendió el entusiasmo que llenaba a todo el equipo.

Dia terkejut dengan keghairahan yang memenuhi seluruh pasukan.

Aún más sorprendente fue el cambio que se produjo en Dave y Solleks.

Lebih memeranjatkan ialah perubahan yang berlaku pada Dave dan Solleks.

Estos dos perros eran completamente diferentes cuando estaban enjaezados.

Kedua-dua anjing ini sama sekali berbeza apabila mereka dimanfaatkan.

Su pasividad y falta de preocupación habían desaparecido por completo.

Sikap pasif dan kurang prihatin mereka telah hilang sepenuhnya.

Estaban alertas y activos, y ansiosos por hacer bien su trabajo.

Mereka berjaga-jaga dan aktif, dan bersemangat untuk melakukan kerja mereka dengan baik.

Se irritaban ferozmente ante cualquier cosa que causara retraso o confusión.

Mereka menjadi sangat jengkel pada apa-apa yang menyebabkan kelewatan atau kekeliruan.

El duro trabajo en las riendas era el centro de todo su ser.

Kerja keras di tampuk adalah pusat seluruh makhluk mereka.

Tirar del trineo parecía ser lo único que realmente disfrutaban.

Menarik kereta luncur nampaknya satu-satunya perkara yang benar-benar mereka gemari.

Dave estaba en la parte de atrás del grupo, más cerca del trineo.

Dave berada di belakang kumpulan itu, paling hampir dengan kereta luncur itu sendiri.

Buck fue colocado delante de Dave, y Solleks se adelantó a Buck.

Buck diletakkan di hadapan Dave, dan Solleks mendahului Buck.

El resto de los perros estaban dispersos adelante, en una sola fila.

Anjing-anjing yang lain digantung di hadapan dalam satu fail.

La posición de cabeza en la parte delantera quedó ocupada por Spitz.

Kedudukan utama di hadapan diisi oleh Spitz.

Buck había sido colocado entre Dave y Solleks para recibir instrucción.

Buck telah diletakkan di antara Dave dan Solleks untuk arahan.

Él aprendía rápido y sus profesores eran firmes y capaces.

Dia seorang yang cepat belajar, dan mereka adalah guru yang tegas dan berkebolehan.

Nunca permitieron que Buck permaneciera en el error por mucho tiempo.

Mereka tidak pernah membenarkan Buck kekal dalam kesilapan lama.

Enseñaron sus lecciones con dientes afilados cuando era necesario.
Mereka mengajar pelajaran mereka dengan gigi yang tajam apabila diperlukan.

Dave era justo y mostraba un tipo de sabiduría tranquila y seria.
Dave bersikap adil dan menunjukkan kebijaksanaan yang tenang dan serius.

Él nunca mordió a Buck sin una buena razón para hacerlo.
Dia tidak pernah menggigit Buck tanpa alasan yang kukuh untuk berbuat demikian.

Pero nunca dejó de morder cuando Buck necesitaba corrección.
Tetapi dia tidak pernah gagal untuk menggigit apabila Buck memerlukan pembetulan.

El látigo de Francisco estaba siempre listo y respaldaba su autoridad.
Cambuk François sentiasa bersedia dan menyokong kuasa mereka.

Buck pronto descubrió que era mejor obedecer que defenderse.
Buck tidak lama kemudian mendapati ia adalah lebih baik untuk mematuhi daripada melawan.

Una vez, durante un breve descanso, Buck se enredó en las riendas.
Suatu ketika, semasa berehat sebentar, Buck tersangkut di kekang.

Retrasó el inicio y confundió los movimientos del equipo.
Dia menangguhkan permulaan dan mengelirukan pergerakan pasukan.

Dave y Solleks se abalanzaron sobre él y le dieron una paliza brutal.
Dave dan Solleks terbang ke arahnya dan memukulnya dengan kasar.

El enredo sólo empeoró, pero Buck aprendió bien la lección.
Kekusutan semakin teruk, tetapi Buck belajar pelajarannya dengan baik.

A partir de entonces, mantuvo las riendas tensas y trabajó con cuidado.
Sejak itu, dia mengekalkan tali kekang, dan bekerja dengan berhati-hati.
Antes de que terminara el día, Buck había dominado gran parte de su tarea.
Sebelum hari itu berakhir, Buck telah menguasai banyak tugasnya.
Sus compañeros casi dejaron de corregirlo y morderlo.
Rakan sepasukannya hampir berhenti membetulkan atau menggigitnya.
El látigo de François resonaba cada vez con menos frecuencia en el aire.
Pukulan François semakin jarang retak di udara.
Perrault incluso levantó los pies de Buck y examinó cuidadosamente cada pata.
Perrault juga mengangkat kaki Buck dan memeriksa setiap cakar dengan teliti.
Había sido un día de carrera duro, largo y agotador para todos ellos.
Ia adalah larian hari yang sukar, panjang dan meletihkan bagi mereka semua.
Viajaron por el Cañón, atravesando Sheep Camp y pasando por Scales.
Mereka mengembara ke atas Cañon, melalui Kem Biri-biri, dan melepasi Scales.
Cruzaron la línea de árboles, luego glaciares y bancos de nieve de muchos metros de profundidad.
Mereka melintasi garisan kayu, kemudian glasier dan hanyut salji sedalam beberapa kaki.
Escalaron la gran, fría y prohibitiva divisoria de Chilkoot.
Mereka mendaki sejuk yang hebat dan melarang Chilkoot Divide.
Esa alta cresta se encontraba entre el agua salada y el interior helado.
Permatang tinggi itu berdiri di antara air masin dan pedalaman beku.

Las montañas custodiaban con hielo y empinadas subidas el triste y solitario Norte.
Pergunungan menjaga Utara yang sedih dan sunyi dengan ais dan pendakian yang curam.

Avanzaron a buen ritmo por una larga cadena de lagos debajo de la divisoria.
Mereka membuat masa yang baik menyusuri rantaian tasik yang panjang di bawah jurang.

Esos lagos llenaban los antiguos cráteres de volcanes extintos.
Tasik tersebut memenuhi kawah purba gunung berapi yang telah pupus.

Tarde esa noche, llegaron a un gran campamento en el lago Bennett.
Lewat malam itu, mereka tiba di sebuah kem besar di Tasik Bennett.

Miles de buscadores de oro estaban allí, construyendo barcos para la primavera.
Beribu-ribu pencari emas berada di sana, membina bot untuk musim bunga.

El hielo se rompería pronto y tenían que estar preparados.
Ais akan pecah tidak lama lagi, dan mereka perlu bersedia.

Buck cavó su hoyo en la nieve y cayó en un sueño profundo.
Buck menggali lubangnya di salji dan tertidur dengan nyenyak.

Durmió como un trabajador, exhausto por la dura jornada de trabajo.
Dia tidur seperti orang yang bekerja, keletihan dari hari kerja yang keras.

Pero demasiado pronto, en la oscuridad, fue sacado del sueño.
Tetapi terlalu awal dalam kegelapan, dia diseret dari tidur.

Fue enganchado nuevamente con sus compañeros y sujeto al trineo.
Dia diikat dengan rakan-rakannya sekali lagi dan diikat pada kereta luncur.

Aquel día hicieron cuarenta millas, porque la nieve estaba muy pisoteada.
Pada hari itu mereka berjalan sejauh empat puluh batu, kerana salji telah dipijak dengan baik.
Al día siguiente, y durante muchos días más, la nieve estaba blanda.
Keesokan harinya, dan selama beberapa hari selepas itu, salji lembut.
Tuvieron que hacer el camino ellos mismos, trabajando más duro y moviéndose más lento.
Mereka terpaksa membuat jalan itu sendiri, bekerja lebih keras dan bergerak lebih perlahan.
Por lo general, Perrault caminaba delante del equipo con raquetas de nieve palmeadas.
Biasanya, Perrault berjalan mendahului pasukan dengan kasut salji berselaput.
Sus pasos compactaron la nieve, facilitando el movimiento del trineo.
Langkahnya memenuhi salji, memudahkan kereta luncur itu bergerak.
François, que dirigía el barco desde la dirección, a veces tomaba el relevo.
François, yang mengemudi dari tiang gee, kadang-kadang mengambil alih.
Pero era raro que François tomara la iniciativa.
Tetapi jarang sekali François mendahului
porque Perrault tenía prisa por entregar las cartas y los paquetes.
kerana Perrault tergesa-gesa menghantar surat dan bungkusan.
Perrault estaba orgulloso de su conocimiento de la nieve, y especialmente del hielo.
Perrault berbangga dengan pengetahuannya tentang salji, dan terutamanya ais.
Ese conocimiento era esencial porque el hielo en otoño era peligrosamente delgado.

Pengetahuan itu penting, kerana ais musim gugur sangat nipis.
Allí donde el agua fluía rápidamente bajo la superficie, no había hielo en absoluto.
Di mana air mengalir deras di bawah permukaan, tiada ais langsung.

Día tras día, la misma rutina se repetía sin fin.
Hari demi hari, rutin yang sama berulang tanpa kesudahan.
Buck trabajó incansablemente en las riendas desde el amanecer hasta la noche.
Buck bekerja keras tanpa henti di tampuk dari subuh hingga malam.
Abandonaron el campamento en la oscuridad, mucho antes de que saliera el sol.
Mereka meninggalkan perkhemahan dalam kegelapan, jauh sebelum matahari terbit.
Cuando amaneció, ya habían recorrido muchos kilómetros.
Pada waktu siang tiba, banyak batu sudah berada di belakang mereka.
Acamparon después del anochecer, comieron pescado y excavaron en la nieve.
Mereka berkhemah selepas gelap, makan ikan dan menggali salji.
Buck siempre tenía hambre y nunca estaba realmente satisfecho con su ración.
Buck sentiasa lapar dan tidak pernah benar-benar puas dengan catuannya.
Recibía una libra y media de salmón seco cada día.
Dia menerima setengah paun salmon kering setiap hari.
Pero la comida parecía desaparecer dentro de él, dejando atrás el hambre.
Tetapi makanan itu seolah-olah lenyap di dalam dirinya, meninggalkan rasa lapar.
Sufría constantes dolores de hambre y soñaba con más comida.

Dia mengalami rasa lapar yang berterusan, dan mengimpikan lebih banyak makanan.

Los otros perros sólo ganaron una libra, pero se mantuvieron fuertes.

Anjing-anjing lain hanya mendapat satu paun makanan, tetapi mereka tetap kuat.

Eran más pequeños y habían nacido en la vida del norte.

Mereka lebih kecil, dan telah dilahirkan dalam kehidupan utara.

Perdió rápidamente la meticulosidad que había caracterizado su antigua vida.

Dia dengan cepat kehilangan ketekunan yang telah menandakan kehidupan lamanya.

Había sido un comensal delicado, pero ahora eso ya no era posible.

Dia adalah seorang pemakan manis, tetapi sekarang itu tidak lagi mungkin.

Sus compañeros terminaron primero y le robaron su ración sobrante.

Rakan-rakannya selesai dahulu dan merampas makanannya yang belum selesai.

Una vez que empezaron, no había forma de defender su comida de ellos.

Sebaik sahaja mereka mula tidak ada cara untuk mempertahankan makanannya daripada mereka.

Mientras él luchaba contra dos o tres perros, los otros le robaron el resto.

Semasa dia melawan dua atau tiga anjing, yang lain mencuri yang lain.

Para solucionar esto, comenzó a comer tan rápido como los demás.

Untuk membetulkannya, dia mula makan secepat yang lain makan.

El hambre lo empujó tan fuerte que incluso tomó comida que no era suya.

Kelaparan mendorongnya dengan kuat sehingga dia mengambil makanan yang bukan miliknya.

Observó a los demás y aprendió rápidamente de sus acciones.
Dia memerhati yang lain dan belajar dengan cepat daripada tindakan mereka.

Vio a Pike, un perro nuevo, robarle una rebanada de tocino a Perrault.
Dia melihat Pike, seekor anjing baru, mencuri sepotong daging dari Perrault.

Pike había esperado hasta que Perrault se dio la espalda para robarle el tocino.
Pike telah menunggu sehingga punggung Perrault dipusingkan untuk mencuri daging.

Al día siguiente, Buck copió a Pike y robó todo el trozo.
Keesokan harinya, Buck menyalin Pike dan mencuri keseluruhan bahagian.

Se produjo un gran alboroto, pero no se sospechó de Buck.
Kegemparan hebat diikuti, tetapi Buck tidak disyaki.

Dub, un perro torpe que siempre era atrapado, fue castigado.
Dub, anjing kekok yang selalu ditangkap, sebaliknya dihukum.

Ese primer robo marcó a Buck como un perro apto para sobrevivir en el Norte.
Kecurian pertama itu menandakan Buck sebagai anjing yang sesuai untuk bertahan di Utara.

Demostró que podía adaptarse a nuevas condiciones y aprender rápidamente.
Dia menunjukkan dia boleh menyesuaikan diri dengan keadaan baru dan belajar dengan cepat.

Sin esa adaptabilidad, habría muerto rápida y gravemente.
Tanpa kebolehsuaian sedemikian, dia akan mati dengan pantas dan teruk.

También marcó el colapso de su naturaleza moral y de sus valores pasados.
Ia juga menandakan kerosakan sifat moral dan nilai masa lalunya.

En el Sur, había vivido bajo la ley del amor y la bondad.

Di Southland, dia telah hidup di bawah undang-undang cinta dan kebaikan.

Allí tenía sentido respetar la propiedad y los sentimientos de los otros perros.
Di sana masuk akal untuk menghormati harta benda dan perasaan anjing lain.

Pero en el Norte se aplicaba la ley del garrote y la ley del colmillo.
Tetapi Northland mengikut undang-undang kelab dan undang-undang taring.

Quienquiera que respetara los viejos valores aquí sería un tonto y fracasaría.
Sesiapa yang menghormati nilai lama di sini adalah bodoh dan akan gagal.

Buck no razonó todo esto en su mente.
Buck tidak memikirkan semua ini dalam fikirannya.

Estaba en forma y se adaptó sin necesidad de pensar.
Dia cergas, jadi dia menyesuaikan diri tanpa perlu berfikir.

Durante toda su vida, nunca había huido de una pelea.
Sepanjang hidupnya, dia tidak pernah lari dari pergaduhan.

Pero el garrote de madera del hombre del suéter rojo cambió esa regla.
Tetapi kayu kayu lelaki berbaju sweater merah itu mengubah peraturan itu.

Ahora seguía un código más profundo y antiguo escrito en su ser.
Kini dia mengikuti kod yang lebih dalam dan lebih lama yang ditulis ke dalam dirinya.

No robó por placer sino por el dolor del hambre.
Dia tidak mencuri kerana keseronokan, tetapi dari kesakitan kelaparan.

Él nunca robaba abiertamente, sino que hurtaba con astucia y cuidado.
Dia tidak pernah merompak secara terbuka, tetapi mencuri dengan licik dan berhati-hati.

Actuó por respeto al garrote de madera y por miedo al colmillo.

Dia bertindak kerana menghormati kayu kayu dan takut kepada taring.

En resumen, hizo lo que era más fácil y seguro que no hacerlo.

Pendek kata, dia melakukan apa yang lebih mudah dan lebih selamat daripada tidak melakukannya.

Su desarrollo —o quizás su regreso a los viejos instintos— fue rápido.

Perkembangannya-atau mungkin kembalinya kepada naluri lama-cepat.

Sus músculos se endurecieron hasta sentirse tan fuertes como el hierro.

Ototnya mengeras sehingga terasa sekuat besi.

Ya no le importaba el dolor, a menos que fuera grave.

Dia tidak lagi mempedulikan kesakitan, melainkan ia serius.

Se volvió eficiente por dentro y por fuera, sin desperdiciar nada.

Dia menjadi cekap luar dan dalam, tidak membazir langsung.

Podía comer cosas viles, podridas o difíciles de digerir.

Dia boleh makan benda yang keji, busuk, atau sukar dihadam.

Todo lo que comía, su estómago aprovechaba hasta el último vestigio de valor.

Apa sahaja yang dia makan, perutnya menggunakan setiap nilai terakhir.

Su sangre transportaba los nutrientes a través de su poderoso cuerpo.

Darahnya membawa nutrien jauh melalui tubuhnya yang kuat.

Esto creó tejidos fuertes que le dieron una resistencia increíble.

Ini membina tisu yang kuat yang memberikannya ketahanan yang luar biasa.

Su vista y su olfato se volvieron mucho más sensibles que antes.

Penglihatan dan baunya menjadi lebih sensitif daripada sebelumnya.

Su audición se agudizó tanto que podía detectar sonidos débiles durante el sueño.
Pendengarannya semakin tajam sehingga dapat mengesan bunyi samar dalam tidur.

Sabía en sueños si los sonidos significaban seguridad o peligro.
Dia tahu dalam mimpinya sama ada bunyi itu bermaksud keselamatan atau bahaya.

Aprendió a morder el hielo entre los dedos de los pies con los dientes.
Dia belajar menggigit ais di antara jari kakinya dengan giginya.

Si un charco de agua se congelaba, rompía el hielo con las piernas.
Jika lubang air membeku, dia akan memecahkan ais dengan kakinya.

Se encabritó y golpeó con fuerza el hielo con sus rígidas patas delanteras.
Dia bangun dan memukul ais dengan kuat dengan anggota hadapan yang kaku.

Su habilidad más sorprendente era predecir los cambios del viento durante la noche.
Keupayaannya yang paling menarik ialah meramalkan perubahan angin dalam sekelip mata.

Incluso cuando el aire estaba quieto, elegía lugares protegidos del viento.
Walaupun udara sunyi, dia memilih tempat yang terlindung dari angin.

Dondequiera que cavaba su nido, el viento del día siguiente lo pasaba de largo.
Di mana sahaja dia menggali sarangnya, angin keesokan harinya melewatinya.

Siempre acababa abrigado y protegido, a sotavento de la brisa.
Dia sentiasa selesa dan dilindungi, ke angin sepoi-sepoi.

Buck no sólo aprendió con la experiencia: sus instintos también regresaron.

Buck bukan sahaja belajar melalui pengalaman—nalurinya juga kembali.

Los hábitos de las generaciones domesticadas comenzaron a desaparecer.

Tabiat generasi yang dijinakkan mula hilang.

De manera vaga, recordaba los tiempos antiguos de su raza.

Dengan cara yang tidak jelas, dia teringat zaman purba bakanya.

Recordó cuando los perros salvajes corrían en manadas por los bosques.

Dia teringat kembali apabila anjing liar berlari beramai-ramai melalui hutan.

Habían perseguido y matado a su presa mientras la perseguían.

Mereka telah mengejar dan membunuh mangsa mereka sambil berlari ke bawah.

Para Buck fue fácil aprender a pelear con dientes y velocidad.

Mudah untuk Buck belajar cara bertarung dengan gigi dan laju.

Utilizaba cortes, tajos y chasquidos rápidos igual que sus antepasados.

Dia menggunakan luka, tebasan dan sentakan cepat seperti nenek moyangnya.

Aquellos antepasados se agitaron dentro de él y despertaron su naturaleza salvaje.

Nenek moyang itu bergerak dalam dirinya dan membangunkan sifat liarnya.

Sus antiguas habilidades habían pasado a él a través de la línea de sangre.

Kemahiran lama mereka telah diturunkan kepadanya melalui garis keturunan.

Sus trucos ahora eran suyos, sin necesidad de práctica ni esfuerzo.

Helah mereka adalah miliknya sekarang, tanpa perlu latihan atau usaha.

En las noches frías y quietas, Buck levantaba la nariz y aullaba.
Pada malam yang sejuk, Buck mengangkat hidungnya dan melolong.

Aulló largo y profundamente, como lo hacían los lobos antaño.
Dia melolong panjang dan dalam, seperti yang dilakukan serigala dahulu.

A través de él, sus antepasados muertos apuntaron sus narices y aullaron.
Melalui dia, nenek moyangnya yang sudah mati menunjukkan hidung mereka dan melolong.

Aullaron a través de los siglos con su voz y su forma.
Mereka melolong selama berabad-abad dalam suara dan bentuknya.

Sus cadencias eran las de ellos, viejos gritos que hablaban de dolor y frío.
Iramanya adalah milik mereka, tangisan lama yang menceritakan tentang kesedihan dan kesejukan.

Cantaron sobre la oscuridad, el hambre y el significado del invierno.
Mereka menyanyikan tentang kegelapan, kelaparan, dan makna musim sejuk.

Buck demostró cómo la vida está determinada por fuerzas ajenas a uno mismo.
Buck membuktikan bagaimana kehidupan dibentuk oleh kuasa di luar diri sendiri,

La antigua canción se elevó a través de Buck y se apoderó de su alma.
lagu purba naik melalui Buck dan memegang jiwanya.

Se encontró a sí mismo porque los hombres habían encontrado oro en el Norte.
Dia mendapati dirinya kerana lelaki telah menemui emas di Utara.

Y se encontró porque Manuel, el ayudante del jardinero, necesitaba dinero.

Dan dia mendapati dirinya kerana Manuel, pembantu tukang kebun, memerlukan wang.

La Bestia Primordial Dominante
Binatang Primordial yang Dominan

La bestia primordial dominante era tan fuerte como siempre en Buck.
Binatang purba yang dominan adalah sekuat biasa di Buck.
Pero la bestia primordial dominante yacía latente en él.
Tetapi binatang primordial yang dominan telah tertidur dalam dirinya.
La vida en el camino era dura, pero fortalecía a la bestia que Buck llevaba dentro.
Kehidupan jejak adalah keras, tetapi ia menguatkan binatang di dalam Buck.
En secreto, la bestia se hacía cada día más fuerte.
Diam-diam binatang itu bertambah kuat dan lebih kuat setiap hari.
Pero ese crecimiento interior permaneció oculto para el mundo exterior.
Tetapi pertumbuhan dalaman itu tetap tersembunyi kepada dunia luar.
Una fuerza primordial, tranquila y calmada se estaba construyendo dentro de Buck.
Satu kuasa primordial yang tenang dan tenang sedang membina di dalam Buck.
Una nueva astucia le proporcionó a Buck equilibrio, calma, control y aplomo.
Kelicikan baru memberikan Buck keseimbangan, kawalan tenang, dan ketenangan.
Buck se concentró mucho en adaptarse, sin sentirse nunca totalmente relajado.

Buck memberi tumpuan keras untuk menyesuaikan diri, tidak pernah berasa tenang sepenuhnya.
Él evitaba los conflictos, nunca iniciaba peleas ni buscaba problemas.
Dia mengelakkan konflik, tidak pernah memulakan pergaduhan, atau mencari masalah.
Una reflexión lenta y constante moldeó cada movimiento de Buck.
Perhatian yang perlahan dan mantap membentuk setiap pergerakan Buck.
Evitó las elecciones precipitadas y las decisiones repentinas e imprudentes.
Dia mengelakkan pilihan yang terburu-buru dan keputusan yang tiba-tiba dan melulu.
Aunque Buck odiaba profundamente a Spitz, no le mostró ninguna agresión.
Walaupun Buck sangat membenci Spitz, dia tidak menunjukkan pencerobohan kepadanya.
Buck nunca provocó a Spitz y mantuvo sus acciones moderadas.
Buck tidak pernah memprovokasi Spitz, dan mengekalkan tindakannya dihalang.
Spitz, por otro lado, percibió el creciente peligro en Buck.
Spitz, sebaliknya, merasakan bahaya yang semakin meningkat dalam Buck.
Él veía a Buck como una amenaza y un serio desafío a su poder.
Dia melihat Buck sebagai ancaman dan cabaran serius terhadap kuasanya.
Aprovechó cada oportunidad para gruñir y mostrar sus afilados dientes.
Dia menggunakan setiap peluang untuk menggerutu dan menunjukkan giginya yang tajam.
Estaba tratando de iniciar la pelea mortal que estaba por venir.
Dia cuba memulakan pergaduhan maut yang akan datang.
Al principio del viaje casi se desató una pelea entre ellos.

Pada awal perjalanan, pergaduhan hampir tercetus antara mereka.

Pero un accidente inesperado detuvo la pelea.
Tetapi kemalangan yang tidak dijangka menghalang pergaduhan daripada berlaku.

Esa tarde acamparon en el gélido lago Le Barge.
Petang itu mereka berkhemah di Tasik Le Barge yang sangat sejuk.

La nieve caía con fuerza y el viento cortaba como un cuchillo.
Salji turun dengan kuat, dan angin memotong seperti pisau.

La noche había llegado demasiado rápido y la oscuridad los rodeaba.
Malam telah datang terlalu cepat, dan kegelapan mengelilingi mereka.

Difícilmente podrían haber elegido un peor lugar para descansar.
Mereka hampir tidak boleh memilih tempat yang lebih buruk untuk berehat.

Los perros buscaban desesperadamente un lugar donde tumbarse.
Anjing-anjing itu mencari-cari tempat untuk berbaring.

Detrás del pequeño grupo se alzaba una alta pared de roca.
Tembok batu tinggi naik curam di belakang kumpulan kecil itu.

La tienda de campaña había sido abandonada en Dyea para aligerar la carga.
Khemah telah ditinggalkan di Dyea untuk meringankan beban.

No les quedó más remedio que hacer el fuego sobre el propio hielo.
Mereka tiada pilihan selain membuat api di atas ais itu sendiri.

Extendieron sus batas para dormir directamente sobre el lago helado.
Mereka membentangkan jubah tidur mereka terus di atas tasik beku.

Unos cuantos palitos de madera flotante les dieron un poco de fuego.
Beberapa batang kayu hanyut memberi mereka sedikit api.
Pero el fuego se construyó sobre el hielo y se descongeló a través de él.
Tetapi api itu dibina di atas ais, dan dicairkan melaluinya.
Al final, estaban comiendo su cena en la oscuridad.
Akhirnya mereka makan malam dalam kegelapan.
Buck se acurrucó junto a la roca, protegido del viento frío.
Buck meringkuk di sebelah batu, terlindung dari angin sejuk.
El lugar era tan cálido y seguro que Buck odiaba mudarse.
Tempat itu begitu hangat dan selamat sehinggakan Buck tidak suka berpindah.
Pero François había calentado el pescado y estaba repartiendo raciones.
Tetapi François telah memanaskan ikan dan sedang mengedarkan makanan.
Buck terminó de comer rápidamente y regresó a su cama.
Buck selesai makan dengan cepat, dan kembali ke katilnya.
Pero Spitz ahora estaba acostado donde Buck había hecho su cama.
Tetapi Spitz kini berbaring di mana Buck telah mengemas katilnya.
Un gruñido bajo advirtió a Buck que Spitz se negaba a moverse.
Tengkingan rendah memberi amaran kepada Buck bahawa Spitz enggan bergerak.
Hasta ahora, Buck había evitado esta pelea con Spitz.
Sehingga kini, Buck telah mengelak pergaduhan dengan Spitz ini.
Pero en lo más profundo de Buck la bestia finalmente se liberó.
Tetapi jauh di dalam Buck binatang itu akhirnya terlepas.
El robo de su lugar para dormir era algo demasiado difícil de tolerar.
Kecurian tempat tidurnya terlalu banyak untuk diterima.
Buck se lanzó hacia Spitz, lleno de ira y rabia.

Buck melancarkan dirinya di Spitz, penuh kemarahan dan kemarahan.

Hasta ahora Spitz había pensado que Buck era sólo un perro grande.

Sehingga tidak Spitz menyangka Buck hanyalah seekor anjing besar.

No creía que Buck hubiera sobrevivido a través de su espíritu.

Dia tidak menyangka Buck telah terselamat melalui rohnya.

Esperaba miedo y cobardía, no furia y venganza.

Dia mengharapkan ketakutan dan pengecut, bukan kemarahan dan dendam.

François se quedó mirando mientras los dos perros salían del nido en ruinas.

François merenung apabila kedua-dua anjing itu keluar dari sarang yang musnah.

Comprendió de inmediato lo que había iniciado la salvaje lucha.

Dia segera memahami apa yang telah memulakan perjuangan liar.

—¡Ah! —gritó François en apoyo del perro marrón.

"Aa-ah!" François menjerit menyokong anjing coklat itu.

¡Dale una paliza! ¡Por Dios, castiga a ese ladrón astuto!

"Beri dia pukul! Demi Tuhan, hukum pencuri licik itu!"

Spitz mostró la misma disposición y un entusiasmo salvaje por luchar.

Spitz menunjukkan kesediaan yang sama dan keinginan liar untuk bertarung.

Gritó de rabia mientras giraba rápidamente en busca de una abertura.

Dia menjerit marah sambil berputar laju, mencari celah.

Buck mostró el mismo hambre de luchar y la misma cautela.

Buck menunjukkan rasa lapar yang sama untuk melawan, dan berhati-hati yang sama.

También rodeó a su oponente, intentando obtener la ventaja en la batalla.

Dia mengelilingi lawannya juga, cuba untuk mendapatkan kelebihan dalam pertempuran.

Entonces sucedió algo inesperado y lo cambió todo.
Kemudian sesuatu yang tidak dijangka berlaku dan mengubah segala-galanya.

Ese momento retrasó la eventual lucha por el liderazgo.
Detik itu melambatkan perjuangan akhirnya untuk kepimpinan.

Muchos kilómetros de camino y lucha aún nos esperaban antes del final.
Banyak batu jejak dan perjuangan masih menunggu sebelum akhirnya.

Perrault gritó un juramento cuando un garrote impactó contra el hueso.
Perrault menjerit sumpah apabila sebatang kayu terhantuk ke tulang.

Se escuchó un agudo grito de dolor y luego el caos explotó por todas partes.
Jeritan kesakitan diikuti, kemudian huru-hara meletup di sekeliling.

En el campamento se movían figuras oscuras: perros esquimales salvajes, hambrientos y feroces.
Bentuk gelap bergerak di kem; husky liar, kelaparan dan garang.

Cuatro o cinco docenas de perros esquimales habían olfateado el campamento desde lejos.
Empat atau lima dozen huskies telah menghidu kem dari jauh.

Se habían colado sigilosamente mientras los dos perros peleaban cerca.
Mereka telah merayap masuk secara senyap-senyap manakala kedua-dua anjing itu bergaduh berhampiran.

François y Perrault atacaron con garrotes a los invasores.
François dan Perrault menyerang, menghayunkan kayu ke arah penceroboh.

Los perros esquimales hambrientos mostraron los dientes y contraatacaron frenéticamente.

Huskie yang kelaparan menunjukkan gigi dan melawan dalam kegilaan.

El olor a carne y a pan les había hecho perder todo miedo.

Bau daging dan roti telah mendorong mereka melepasi semua ketakutan.

Perrault golpeó a un perro que había enterrado su cabeza en el cajón de comida.

Perrault mengalahkan seekor anjing yang telah membenamkan kepalanya di dalam kotak grub.

El golpe fue muy fuerte y la caja se volcó, derramándose comida.

Pukulan itu terkena dengan kuat, dan kotak itu terbalik, makanan tertumpah keluar.

En cuestión de segundos, una veintena de bestias salvajes destrozaron el pan y la carne.

Dalam beberapa saat, sebilangan besar binatang liar mengoyak roti dan daging.

Los garrotes de los hombres asestaron golpe tras golpe, pero ningún perro se apartó.

Kelab lelaki mendarat pukulan demi pukulan, tetapi tiada anjing berpaling.

Aullaron de dolor, pero lucharon hasta que no quedó comida.

Mereka meraung kesakitan, tetapi bertempur sehingga tiada makanan yang tinggal.

Mientras tanto, los perros de trineo habían saltado de sus camas nevadas.

Sementara itu, anjing kereta luncur telah melompat dari katil bersalji mereka.

Fueron atacados instantáneamente por los feroces y hambrientos huskies.

Mereka serta-merta diserang oleh huskie lapar yang ganas.

Buck nunca había visto criaturas tan salvajes y hambrientas antes.

Buck tidak pernah melihat makhluk liar dan kelaparan seperti itu sebelum ini.

Su piel colgaba suelta, ocultando apenas sus esqueletos.

Kulit mereka tergantung longgar, hampir tidak menyembunyikan rangka mereka.
Había un fuego en sus ojos, de hambre y locura.
Terdapat api di mata mereka, kerana kelaparan dan kegilaan
No había manera de detenerlos, de resistirse a su ataque salvaje.
Tidak ada yang menghalang mereka; tidak menahan tergesa-gesa ganas mereka.
Los perros de trineo fueron empujados hacia atrás y presionados contra la pared del acantilado.
Anjing kereta luncur ditolak ke belakang, ditekan ke dinding tebing.
Tres perros esquimales atacaron a Buck a la vez, desgarrando su carne.
Tiga ekor serak menyerang Buck sekaligus, mengoyakkan dagingnya.
La sangre le brotaba de la cabeza y de los hombros, donde había recibido el corte.
Darah mengalir dari kepala dan bahunya, di mana dia telah dipotong.
El ruido llenó el campamento: gruñidos, aullidos y gritos de dolor.
Bunyi bising memenuhi kem; geram, jeritan, dan tangisan kesakitan.
Billee gritó fuerte, como siempre, atrapada en la pelea y el pánico.
Billee menangis dengan kuat, seperti biasa, terperangkap dalam pergaduhan dan panik.
Dave y Solleks estaban uno al lado del otro, sangrando pero desafiantes.
Dave dan Solleks berdiri sebelah menyebelah, berdarah tetapi menentang.
Joe peleó como un demonio, mordiendo todo lo que se acercaba.
Joe bertarung seperti syaitan, menggigit apa sahaja yang dekat.

Aplastó la pata de un husky con un brutal chasquido de sus mandíbulas.
Dia meremukkan kaki seekor husky dengan satu patah kejam rahangnya.
Pike saltó sobre el husky herido y le rompió el cuello instantáneamente.
Pike melompat ke atas husky yang cedera dan mematahkan lehernya serta-merta.
Buck agarró a un husky por el cuello y le arrancó la vena.
Buck menangkap serak di kerongkong dan merobek urat.
La sangre salpicó y el sabor cálido llevó a Buck al frenesí.
Darah menyembur, dan rasa hangat mendorong Buck menjadi kegilaan.
Se abalanzó sobre otro atacante sin dudarlo.
Dia melemparkan dirinya kepada penyerang lain tanpa teragak-agak.
En ese mismo momento, unos dientes afilados se clavaron en la garganta de Buck.
Pada masa yang sama, gigi tajam digali ke dalam kerongkong Buck sendiri.
Spitz había atacado desde un costado, sin previo aviso.
Spitz telah menyerang dari sisi, menyerang tanpa amaran.
Perrault y François habían derrotado a los perros robando la comida.
Perrault dan François telah mengalahkan anjing yang mencuri makanan.
Ahora se apresuraron a ayudar a sus perros a luchar contra los atacantes.
Kini mereka bergegas membantu anjing mereka melawan penyerang.
Los perros hambrientos se retiraron mientras los hombres blandían sus garrotes.
Anjing-anjing yang kelaparan berundur ketika lelaki itu menghayunkan kayu mereka.
Buck se liberó del ataque, pero el escape fue breve.
Buck melepaskan diri dari serangan, tetapi melarikan diri adalah singkat.

Los hombres corrieron a salvar a sus perros, y los huskies volvieron a atacarlos.
Lelaki itu berlari untuk menyelamatkan anjing mereka, dan huskies mengerumuni lagi.

Billee, aterrorizado y valiente, saltó hacia la jauría de perros.
Billee, ketakutan menjadi berani, melompat ke dalam kumpulan anjing.

Pero luego huyó a través del hielo, presa del terror y el pánico.
Tetapi kemudian dia melarikan diri melintasi ais, dalam ketakutan dan panik.

Pike y Dub los siguieron de cerca, corriendo para salvar sus vidas.
Pike dan Dub mengikuti dari belakang, berlari menyelamatkan nyawa mereka.

El resto del equipo se separó y se dispersó, siguiéndolos.
Selebihnya pasukan pecah dan bertaburan, mengikuti mereka.

Buck reunió sus fuerzas para correr, pero entonces vio un destello.
Buck mengumpul kekuatannya untuk berlari, tetapi kemudian melihat kilat.

Spitz se abalanzó sobre el costado de Buck, intentando derribarlo al suelo.
Spitz menerjang ke sisi Buck, cuba menjatuhkannya ke tanah.

Bajo esa turba de perros esquimales, Buck no habría tenido escapatoria.
Di bawah gerombolan huskies itu, Buck tidak akan dapat melarikan diri.

Pero Buck se mantuvo firme y se preparó para el golpe de Spitz.
Tetapi Buck berdiri teguh dan bersedia untuk tamparan daripada Spitz.

Luego se dio la vuelta y salió corriendo al hielo con el equipo que huía.
Kemudian dia berpaling dan berlari keluar ke atas ais bersama pasukan yang melarikan diri.

Más tarde, los nueve perros de trineo se reunieron al abrigo del bosque.
Kemudian, sembilan anjing kereta luncur itu berkumpul di tempat perlindungan hutan.
Ya nadie los perseguía, pero estaban maltratados y heridos.
Tiada siapa yang mengejar mereka lagi, tetapi mereka dipukul dan cedera.
Cada perro tenía heridas: cuatro o cinco cortes profundos en cada cuerpo.
Setiap anjing mempunyai luka; empat atau lima luka dalam pada setiap badan.
Dub tenía una pata trasera herida y ahora le costaba caminar.
Dub mengalami kecederaan kaki belakang dan sukar untuk berjalan sekarang.
Dolly, la perrita más nueva de Dyea, tenía la garganta cortada.
Dolly, anjing terbaharu dari Dyea, mengalami kerongkong.
Joe había perdido un ojo y la oreja de Billee estaba cortada en pedazos.
Joe telah kehilangan mata, dan telinga Billee dipotong
Todos los perros lloraron de dolor y derrota durante toda la noche.
Semua anjing menangis kesakitan dan kekalahan sepanjang malam.
Al amanecer regresaron al campamento doloridos y destrozados.
Pada waktu subuh mereka merangkak kembali ke kem, sakit dan patah.
Los perros esquimales habían desaparecido, pero el daño ya estaba hecho.
Huskies telah hilang, tetapi kerosakan telah dilakukan.
Perrault y François estaban de mal humor ante las ruinas.
Perrault dan François berdiri dalam mood busuk di atas kehancuran itu.
La mitad de la comida había desaparecido, robada por los ladrones hambrientos.

Separuh daripada makanan telah hilang, diragut oleh pencuri yang kelaparan.
Los perros esquimales habían destrozado las ataduras y la lona del trineo.
Huskies telah terkoyak melalui ikatan kereta luncur dan kanvas.
Todo lo que tenía olor a comida había sido devorado por completo.
Apa-apa sahaja yang berbau makanan telah dimakan sepenuhnya.
Se comieron un par de botas de viaje de piel de alce de Perrault.
Mereka makan sepasang but perjalanan kulit rusa utara Perrault.
Masticaban correas de cuero y arruinaban las correas hasta dejarlas inservibles.
Mereka mengunyah reis kulit dan tali yang rosak tidak dapat digunakan.
François dejó de mirar el látigo roto para revisar a los perros.
François berhenti merenung sebatan yang terkoyak untuk memeriksa anjing-anjing itu.
—Ah, amigos míos —dijo en voz baja y llena de preocupación.
"Ah, kawan-kawan saya," katanya, suaranya rendah dan penuh dengan kebimbangan.
"Tal vez todas estas mordeduras os conviertan en bestias locas."
"Mungkin semua gigitan ini akan mengubah kamu menjadi binatang gila."
—¡Quizás todos sean perros rabiosos, sacredam! ¿Qué opinas, Perrault?
"Mungkin semua anjing gila, sacredam! Apa pendapat awak, Perrault?"
Perrault meneó la cabeza; sus ojos estaban oscuros por la preocupación y el miedo.
Perrault menggelengkan kepalanya, matanya gelap dengan kebimbangan dan ketakutan.

Todavía había cuatrocientas millas entre ellos y Dawson.
Empat ratus batu masih terletak di antara mereka dan Dawson.
La locura canina ahora podría destruir cualquier posibilidad de supervivencia.
Kegilaan anjing kini boleh memusnahkan sebarang peluang untuk terus hidup.
Pasaron dos horas maldiciendo y tratando de arreglar el engranaje.
Mereka menghabiskan dua jam bersumpah dan cuba membetulkan gear.
El equipo herido finalmente abandonó el campamento, destrozado y derrotado.
Pasukan yang cedera akhirnya meninggalkan kem, rosak dan kalah.
Éste fue el camino más difícil hasta ahora y cada paso era doloroso.
Ini adalah laluan yang paling sukar, dan setiap langkah adalah menyakitkan.
El río Treinta Millas no se había congelado y su caudal corría con fuerza.
Sungai Thirty Mile tidak membeku, dan mengalir deras.
Sólo en los lugares tranquilos y en los remolinos el hielo logró retenerse.
Hanya di tempat yang tenang dan pusaran yang berpusar barulah ais berjaya ditahan.
Pasaron seis días de duro trabajo hasta recorrer las treinta millas.
Enam hari kerja keras berlalu sehingga tiga puluh batu selesai.
Cada kilómetro del camino traía consigo peligro y amenaza de muerte.
Setiap batu dari laluan itu membawa bahaya dan ancaman kematian.
Los hombres y los perros arriesgaban sus vidas con cada doloroso paso.
Lelaki dan anjing itu mempertaruhkan nyawa mereka dengan setiap langkah yang menyakitkan.

Perrault rompió delgados puentes de hielo una docena de veces diferentes.
Perrault menerobos jambatan ais nipis beberapa kali berbeza.
Llevó un palo y lo dejó caer sobre el agujero que había hecho su cuerpo.
Dia memikul sebatang tiang dan membiarkannya jatuh di atas lubang yang dibuat badannya.
Más de una vez ese palo salvó a Perrault de ahogarse.
Lebih daripada sekali tiang itu menyelamatkan Perrault daripada lemas.
La ola de frío se mantuvo firme y el aire estaba a cincuenta grados bajo cero.
Rasa sejuk itu dipegang teguh, udara lima puluh darjah di bawah sifar.
Cada vez que se caía, Perrault tenía que encender un fuego para sobrevivir.
Setiap kali dia terjatuh, Perrault terpaksa menyalakan api untuk terus hidup.
La ropa mojada se congelaba rápidamente, por lo que la secaba cerca del calor abrasador.
Pakaian basah membeku dengan cepat, jadi dia mengeringkannya berhampiran panas terik.
Ningún miedo afectó jamás a Perrault, y eso lo convirtió en mensajero.
Tiada rasa takut pernah menyentuh Perrault, dan itu menjadikannya seorang kurier.
Fue elegido para el peligro y lo afrontó con tranquila resolución.
Dia dipilih untuk bahaya, dan dia menghadapinya dengan tekad yang tenang.
Avanzó contra el viento, con el rostro arrugado y congelado.
Dia menekan ke hadapan ke arah angin, mukanya yang keriput beku.
Desde el amanecer hasta el anochecer, Perrault los condujo hacia adelante.
Dari subuh yang redup hingga malam, Perrault membawa mereka ke hadapan.

Caminó sobre un estrecho borde de hielo que se agrietaba con cada paso.
Dia berjalan di atas ais sempit yang retak setiap langkah.
No se atrevieron a detenerse: cada pausa suponía el riesgo de un colapso mortal.
Mereka tidak berani berhenti-setiap jeda berisiko mengalami keruntuhan maut.
Una vez, el trineo se abrió paso y arrastró a Dave y Buck.
Suatu ketika kereta luncur itu menceroboh, menarik Dave dan Buck masuk.
Cuando los liberaron, ambos estaban casi congelados.
Pada masa mereka diseret bebas, kedua-duanya hampir beku.
Los hombres hicieron un fuego rápidamente para mantener con vida a Buck y Dave.
Lelaki itu membakar api dengan cepat untuk memastikan Buck dan Dave terus hidup.
Los perros estaban cubiertos de hielo desde la nariz hasta la cola, rígidos como madera tallada.
Anjing-anjing itu disalut dengan ais dari hidung ke ekor, kaku seperti kayu berukir.
Los hombres los hicieron correr en círculos cerca del fuego para descongelar sus cuerpos.
Lelaki itu berlari mereka dalam bulatan berhampiran api untuk mencairkan badan mereka.
Se acercaron tanto a las llamas que su pelaje se quemó.
Mereka datang begitu dekat dengan api sehingga bulu mereka hangus.
Luego Spitz rompió el hielo y arrastró al equipo detrás de él.
Spitz menerobos ais seterusnya, menyeret pasukan di belakangnya.
La ruptura llegó hasta donde Buck estaba tirando.
Masa rehat itu sampai ke tempat Buck menarik.
Buck se reclinó con fuerza hacia atrás, sus patas resbalaron y temblaron en el borde.
Buck bersandar kuat, kaki tergelincir dan menggeletar di tepi.
Dave también se esforzó hacia atrás, justo detrás de Buck en la línea.

Dave juga tegang ke belakang, tepat di belakang Buck di barisan.

François tiró del trineo; sus músculos crujían por el esfuerzo.
François menarik kereta luncur, ototnya retak dengan usaha.

En otra ocasión, el borde del hielo se agrietó delante y detrás del trineo.
Lain kali, rim ais retak sebelum dan belakang kereta luncur.

No tenían otra salida que escalar una pared del acantilado congelado.
Mereka tidak mempunyai jalan keluar kecuali memanjat dinding tebing beku.

De alguna manera Perrault logró escalar el muro; un milagro lo mantuvo con vida.
Perrault entah bagaimana memanjat dinding; satu keajaiban membuatkan dia hidup.

François se quedó abajo, rezando por tener la misma suerte.
François tinggal di bawah, berdoa untuk nasib yang sama.

Ataron todas las correas, amarres y tirantes hasta formar una cuerda larga.
Mereka mengikat setiap tali, sebatan, dan kesan ke dalam satu tali panjang.

Los hombres subieron cada perro, uno a uno, hasta la cima.
Lelaki itu menarik setiap anjing ke atas, satu demi satu ke atas.

François subió el último, después del trineo y toda la carga.
François mendaki terakhir, selepas kereta luncur dan keseluruhan muatan.

Entonces comenzó una larga búsqueda de un camino para bajar de los acantilados.
Kemudian bermula pencarian panjang untuk laluan turun dari tebing.

Finalmente descendieron usando la misma cuerda que habían hecho.
Mereka akhirnya turun menggunakan tali yang sama yang mereka buat.

La noche cayó cuando regresaron al lecho del río, exhaustos y doloridos.

Malam tiba ketika mereka kembali ke dasar sungai, letih dan sakit.

El día completo les había proporcionado sólo un cuarto de milla de ganancia.

Mereka telah mengambil masa sehari penuh untuk menempuh hanya seperempat batu.

Cuando llegaron a Hootalinqua, Buck estaba agotado.

Pada masa mereka sampai ke Hootalinqua, Buck sudah haus.

Los demás perros sufrieron igual de mal las condiciones del sendero.

Anjing-anjing lain menderita sama teruk akibat keadaan laluan.

Pero Perrault necesitaba recuperar tiempo y los presionaba cada día.

Tetapi Perrault perlu memulihkan masa, dan menolaknya setiap hari.

El primer día viajaron treinta millas hasta Big Salmon.

Hari pertama mereka mengembara tiga puluh batu ke Big Salmon.

Al día siguiente viajaron treinta y cinco millas hasta Little Salmon.

Keesokan harinya mereka mengembara tiga puluh lima batu ke Little Salmon.

Al tercer día avanzaron a través de cuarenta largas y heladas millas.

Pada hari ketiga mereka menempuh empat puluh batu beku yang panjang.

Para entonces, se estaban acercando al asentamiento de Five Fingers.

Ketika itu, mereka sedang menghampiri penempatan Five Fingers.

Los pies de Buck eran más suaves que los duros pies de los huskies nativos.

Kaki Buck lebih lembut daripada kaki keras huskies asli.

Sus patas se habían vuelto tiernas a lo largo de muchas generaciones civilizadas.

Cakarnya telah menjadi lembut selama beberapa generasi bertamadun.
Hace mucho tiempo, sus antepasados habían sido domesticados por hombres del río o cazadores.
Dahulu, nenek moyangnya telah dijinakkan oleh lelaki sungai atau pemburu.
Todos los días Buck cojeaba de dolor, caminando sobre sus patas doloridas y en carne viva.
Setiap hari Buck terkial-kial dalam kesakitan, berjalan di atas kaki yang mentah dan sakit.
En el campamento, Buck cayó como un cuerpo sin vida sobre la nieve.
Di kem, Buck jatuh seperti bentuk tidak bermaya di atas salji.
Aunque estaba hambriento, Buck no se levantó a comer su cena.
Walaupun kelaparan, Buck tidak bangun untuk makan malamnya.
François le trajo a Buck su ración, poniendo pescado junto a su hocico.
François membawa Buck makanannya, meletakkan ikan di dekat muncungnya.
Cada noche, el conductor frotaba los pies de Buck durante media hora.
Setiap malam pemandu itu menggosok kaki Buck selama setengah jam.
François incluso cortó sus propios mocasines para hacer calzado para perros.
Françoi juga memotong moccasinnya sendiri untuk membuat kasut anjing.
Cuatro zapatos cálidos le dieron a Buck un gran y bienvenido alivio.
Empat kasut hangat memberi Buck kelegaan yang hebat dan dialu-alukan.
Una mañana, François olvidó los zapatos y Buck se negó a levantarse.
Suatu pagi, François terlupa kasut itu, dan Buck enggan bangun.

Buck yacía de espaldas, con los pies en el aire, agitándolos lastimeramente.
Buck berbaring di belakangnya, kaki di udara, melambai-lambai dengan menyedihkan.
Incluso Perrault sonrió al ver la dramática súplica de Buck.
Malah Perrault tersengih melihat rayuan dramatik Buck.
Pronto los pies de Buck se endurecieron y los zapatos pudieron desecharse.
Tidak lama kemudian kaki Buck menjadi keras, dan kasut itu boleh dibuang.
En Pelly, durante el periodo de uso del arnés, Dolly emitió un aullido terrible.
Di Pelly, semasa masa abah-abah, Dolly mengeluarkan lolongan yang mengerikan.
El grito fue largo y lleno de locura, sacudiendo a todos los perros.
Tangisan itu panjang dan penuh dengan kegilaan, menggegarkan setiap anjing.
Cada perro se erizaba de miedo sin saber el motivo.
Setiap anjing berbulu ketakutan tanpa mengetahui sebabnya.
Dolly se volvió loca y se arrojó directamente hacia Buck.
Dolly telah menjadi gila dan melemparkan dirinya terus ke arah Buck.
Buck nunca había visto la locura, pero el horror llenó su corazón.
Buck tidak pernah melihat kegilaan, tetapi seram memenuhi hatinya.
Sin pensarlo, se dio la vuelta y huyó presa del pánico absoluto.
Tanpa berfikir panjang, dia berpaling dan melarikan diri dalam keadaan panik.
Dolly lo persiguió con los ojos desorbitados y la saliva saliendo de sus mandíbulas.
Dolly mengejarnya, matanya liar, air liur berterbangan dari rahangnya.
Ella se mantuvo justo detrás de Buck, sin ganar terreno ni quedarse atrás.

Dia terus berada di belakang Buck, tidak pernah mendapat dan tidak pernah mundur.

Buck corrió a través del bosque, bajó por la isla y cruzó el hielo irregular.

Buck berlari melalui hutan, menyusuri pulau, melintasi ais bergerigi.

Cruzó hacia una isla, luego hacia otra, dando la vuelta nuevamente hasta el río.

Dia menyeberang ke sebuah pulau, kemudian yang lain, berputar kembali ke sungai.

Aún así Dolly lo persiguió, con su gruñido detrás de cada paso.

Dolly masih mengejarnya, geramnya dekat di belakang pada setiap langkah.

Buck podía oír su respiración y su rabia, aunque no se atrevía a mirar atrás.

Buck boleh mendengar nafas dan kemarahannya, walaupun dia tidak berani menoleh ke belakang.

François gritó desde lejos y Buck se giró hacia la voz.

François menjerit dari jauh, dan Buck menoleh ke arah suara itu.

Todavía jadeando en busca de aire, Buck pasó corriendo, poniendo toda su esperanza en François.

Masih tercungap-cungap, Buck berlari melepasi, meletakkan semua harapan pada François.

El conductor del perro levantó un hacha y esperó mientras Buck pasaba volando.

Pemandu anjing itu mengangkat kapak dan menunggu Buck terbang lalu.

El hacha cayó rápidamente y golpeó la cabeza de Dolly con una fuerza mortal.

Kapak itu turun dengan pantas dan menghentak kepala Dolly dengan kekuatan maut.

Buck se desplomó cerca del trineo, jadeando e incapaz de moverse.

Buck rebah berhampiran kereta luncur, semput dan tidak dapat bergerak.

Ese momento le dio a Spitz la oportunidad de golpear a un enemigo exhausto.
Detik itu memberi peluang kepada Spitz untuk menyerang musuh yang keletihan.
Mordió a Buck dos veces, desgarrando la carne hasta el hueso blanco.
Dua kali dia menggigit Buck, mengoyakkan daging hingga ke tulang putih.
El látigo de François hizo chasquear el látigo y golpeó a Spitz con toda su fuerza y furia.
Cambuk François retak, memukul Spitz dengan kekuatan penuh dan marah.
Buck observó con alegría cómo Spitz recibía la paliza más dura que había recibido hasta entonces.
Buck memerhati dengan gembira apabila Spitz menerima pukulan paling kerasnya.
"Es un demonio ese Spitz", murmuró Perrault para sí mismo.
"Dia syaitan, Spitz itu," gumam Perrault dalam hati.
"Algún día, ese maldito perro matará a Buck, lo juro".
"Suatu hari nanti, anjing terkutuk itu akan membunuh Buck-saya bersumpah."
—Ese Buck tiene dos demonios dentro —respondió François asintiendo.
"Buck itu mempunyai dua syaitan dalam dirinya," jawab François sambil mengangguk.
"Cuando veo a Buck, sé que algo feroz le aguarda dentro".
"Apabila saya menonton Buck, saya tahu sesuatu yang sengit menantinya."
"Un día se pondrá furioso y destrozará a Spitz".
"Suatu hari nanti, dia akan marah seperti api dan mengoyakkan Spitz."
"Masticará a ese perro y lo escupirá en la nieve congelada".
"Dia akan mengunyah anjing itu dan meludahkannya pada salji beku."
"Estoy seguro de que lo sé en lo más profundo de mi ser".
"Sebenarnya, saya tahu perkara ini jauh di dalam tulang saya."
A partir de ese momento los dos perros quedaron en guerra.

Sejak saat itu, kedua-dua anjing itu dikunci dalam peperangan.

Spitz lideró al equipo y mantuvo el poder, pero Buck lo desafió.

Spitz mengetuai pasukan dan memegang kuasa, tetapi Buck mencabarnya.

Spitz vio su rango amenazado por este extraño extraño de Southland.

Spitz melihat pangkatnya terancam oleh orang asing di Southland yang ganjil ini.

Buck no se parecía a ningún otro perro sureño que Spitz hubiera conocido antes.

Buck tidak seperti mana-mana anjing selatan yang pernah diketahui Spitz sebelum ini.

La mayoría de ellos fracasaron: eran demasiado débiles para sobrevivir al frío y al hambre.

Kebanyakan mereka gagal—terlalu lemah untuk hidup melalui kesejukan dan kelaparan.

Murieron rápidamente bajo el trabajo, las heladas y el lento ardor del hambre.

Mereka mati dengan cepat di bawah buruh, fros, dan kelaparan yang perlahan.

Buck se destacó: cada día más fuerte, más inteligente y más salvaje.

Buck berdiri berasingan—lebih kuat, lebih bijak dan lebih ganas setiap hari.

Prosperó a pesar de las dificultades y creció hasta alcanzar el nivel de los perros esquimales del norte.

Dia berkembang maju dalam kesusahan, berkembang untuk menandingi huskie utara.

Buck tenía fuerza, habilidad salvaje y un instinto paciente y mortal.

Buck mempunyai kekuatan, kemahiran liar, dan sabar, naluri maut.

El hombre con el garrote había golpeado la temeridad de Buck.

Lelaki dengan kelab itu telah mengalahkan rasa terburu-buru daripada Buck.

La furia ciega desapareció y fue reemplazada por una astucia silenciosa y control.

Kemarahan buta telah hilang, digantikan dengan kelicikan dan kawalan yang tenang.

Esperó, tranquilo y primario, observando el momento adecuado.

Dia menunggu, tenang dan prima, memerhatikan masa yang sesuai.

Su lucha por el mando se hizo inevitable y clara.

Perjuangan mereka untuk perintah menjadi tidak dapat dielakkan dan jelas.

Buck deseaba el liderazgo porque su espíritu lo exigía.

Buck inginkan kepimpinan kerana semangatnya menuntutnya.

Lo impulsaba el extraño orgullo nacido del camino y del arnés.

Dia didorong oleh kebanggaan aneh yang lahir dari jejak dan abah-abah.

Ese orgullo hizo que los perros tiraran hasta caer sobre la nieve.

Kebanggaan itu membuat anjing menarik sehingga mereka rebah di atas salji.

El orgullo los llevó a dar toda la fuerza que tenían.

Kebanggaan memikat mereka untuk memberikan semua kekuatan yang mereka ada.

El orgullo puede atraer a un perro de trineo incluso hasta el punto de la muerte.

Kesombongan boleh memikat anjing kereta luncur hingga ke tahap kematian.

La pérdida del arnés dejó a los perros rotos y sin propósito.

Kehilangan abah menyebabkan anjing patah dan tanpa tujuan.

El corazón de un perro de trineo puede quedar aplastado por la vergüenza cuando se retira.

Hati anjing kereta luncur boleh dihancurkan oleh rasa malu apabila mereka bersara.

Dave vivió con ese orgullo mientras arrastraba el trineo desde atrás.

Dave hidup dengan kebanggaan itu ketika dia menyeret kereta luncur dari belakang.

Solleks también lo dio todo con fuerza y lealtad.

Solleks juga memberikan segalanya dengan kekuatan dan kesetiaan yang suram.

Cada mañana, el orgullo los transformaba de amargados a decididos.

Setiap pagi, kesombongan mengubah mereka dari pahit kepada tekad.

Empujaron todo el día y luego se quedaron en silencio al final del campamento.

Mereka menolak sepanjang hari, kemudian berdiam diri di penghujung kem.

Ese orgullo le dio a Spitz la fuerza para poner a raya a los evasores.

Kebanggaan itu memberi Spitz kekuatan untuk menewaskan syirik ke dalam barisan.

Spitz temía a Buck porque Buck tenía ese mismo orgullo profundo.

Spitz takut Buck kerana Buck membawa kebanggaan mendalam yang sama.

El orgullo de Buck ahora se agitó contra Spitz, y no se detuvo.

Kebanggaan Buck kini dikacau terhadap Spitz, dan dia tidak berhenti.

Buck desafió el poder de Spitz y le impidió castigar a los perros.

Buck menentang kuasa Spitz dan menghalangnya daripada menghukum anjing.

Cuando otros fallaron, Buck se interpuso entre ellos y su líder.

Apabila yang lain gagal, Buck melangkah di antara mereka dan ketua mereka.

Lo hizo con intención, dejando claro y abierto su desafío.

Dia melakukan ini dengan niat, menjadikan cabarannya terbuka dan jelas.

Una noche, una fuerte nevada cubrió el mundo con un profundo silencio.
Pada suatu malam salji tebal menyelubungi dunia dalam kesunyian yang mendalam.

A la mañana siguiente, Pike, perezoso como siempre, no se levantó para ir a trabajar.
Keesokan paginya, Pike, malas seperti biasa, tidak bangun untuk bekerja.

Se quedó escondido en su nido bajo una gruesa capa de nieve.
Dia bersembunyi di dalam sarangnya di bawah lapisan salji yang tebal.

François gritó y buscó, pero no pudo encontrar al perro.
François memanggil dan mencari, tetapi tidak menemui anjing itu.

Spitz se puso furioso y atravesó furioso el campamento cubierto de nieve.
Spitz menjadi marah dan menyerbu melalui kem yang dilitupi salji.

Gruñó y olfateó, cavando frenéticamente con ojos llameantes.
Dia menggeram dan menghidu, menggali gila dengan mata yang menyala.

Su rabia era tan feroz que Pike tembló de miedo bajo la nieve.
Kemarahannya sangat hebat sehingga Pike bergegar di bawah salji kerana ketakutan.

Cuando finalmente encontraron a Pike, Spitz se abalanzó sobre él para castigar al perro que estaba escondido.
Apabila Pike akhirnya ditemui, Spitz menerjang untuk menghukum anjing yang bersembunyi.

Pero Buck saltó entre ellos con una furia igual a la de Spitz.
Tetapi Buck muncul di antara mereka dengan kemarahan yang sama dengan kemarahan Spitz sendiri.

El ataque fue tan repentino e inteligente que Spitz cayó al suelo.
Serangan itu begitu mendadak dan bijak sehingga Spitz jatuh dari kakinya.
Pike, que estaba temblando, se animó ante este desafío.
Pike, yang telah gemetar, mengambil keberanian daripada penentangan ini.
Saltó sobre el Spitz caído, siguiendo el audaz ejemplo de Buck.
Dia melompat ke atas Spitz yang jatuh, mengikuti contoh berani Buck.
Buck, que ya no estaba obligado por la justicia, se unió a la huelga de Spitz.
Buck, tidak lagi terikat dengan keadilan, menyertai mogok ke atas Spitz.
François, divertido pero firme en su disciplina, blandió su pesado látigo.
François, geli namun tegas dalam disiplin, menghayunkan sebatannya yang berat.
Golpeó a Buck con todas sus fuerzas para acabar con la pelea.
Dia memukul Buck dengan sekuat tenaga untuk meleraikan pergaduhan itu.
Buck se negó a moverse y se quedó encima del líder caído.
Buck enggan bergerak dan kekal di atas ketua yang jatuh.
François entonces utilizó el mango del látigo y golpeó con fuerza a Buck.
François kemudian menggunakan pegangan cemeti, memukul Buck dengan kuat.
Tambaleándose por el golpe, Buck cayó hacia atrás bajo el asalto.
Terhuyung-huyung akibat pukulan itu, Buck jatuh kembali di bawah serangan itu.
François golpeó una y otra vez mientras Spitz castigaba a Pike.
François menyerang berulang kali manakala Spitz menghukum Pike.

Pasaron los días y Dawson City estaba cada vez más cerca.
Hari berlalu, dan Bandar Dawson semakin dekat dan dekat.
Buck seguía interfiriendo, interponiéndose entre Spitz y otros perros.
Buck terus campur tangan, menyelinap di antara Spitz dan anjing lain.
Elegía bien sus momentos, esperando siempre que François se marchase.
Dia memilih momennya dengan baik, sentiasa menunggu François pergi.
La rebelión silenciosa de Buck se extendió y el desorden se arraigó en el equipo.
Pemberontakan senyap Buck merebak, dan kekacauan berakar dalam pasukan.
Dave y Solleks se mantuvieron leales, pero otros se volvieron rebeldes.
Dave dan Solleks tetap setia, tetapi yang lain menjadi tidak terkawal.
El equipo empeoró: se volvió inquieto, pendenciero y fuera de lugar.
Pasukan itu bertambah teruk—gelisah, bergaduh dan keluar dari barisan.
Ya nada funcionaba con fluidez y las peleas se volvieron algo habitual.
Tiada apa-apa yang berfungsi dengan lancar lagi, dan pergaduhan menjadi perkara biasa.
Buck permaneció en el corazón del problema, provocando siempre malestar.
Buck kekal di tengah-tengah masalah, sentiasa mencetuskan kekacauan.
François se mantuvo alerta, temeroso de la pelea entre Buck y Spitz.
François tetap berjaga-jaga, takut akan pergaduhan antara Buck dan Spitz.
Cada noche, las peleas lo despertaban, temiendo que finalmente llegara el comienzo.

Setiap malam, pergelutan menyedarkannya, takut permulaannya akhirnya tiba.
Saltó de su túnica, dispuesto a detener la pelea.
Dia melompat dari jubahnya, bersedia untuk meleraikan pergaduhan.
Pero el momento nunca llegó y finalmente llegaron a Dawson.
Tetapi saat itu tidak pernah tiba, dan mereka sampai ke Dawson akhirnya.
El equipo entró en la ciudad una tarde sombría, tensa y silenciosa.
Pasukan itu memasuki bandar pada suatu petang yang suram, tegang dan sunyi.
La gran batalla por el liderazgo todavía estaba suspendida en el aire.
Pertempuran hebat untuk kepimpinan masih tergantung di udara beku.
Dawson estaba lleno de hombres y perros de trineo, todos ocupados con el trabajo.
Dawson penuh dengan lelaki dan anjing kereta luncur, semuanya sibuk dengan kerja.
Buck observó a los perros tirar cargas desde la mañana hasta la noche.
Buck melihat anjing-anjing itu menarik beban dari pagi hingga malam.
Transportaban troncos y leña y transportaban suministros a las minas.
Mereka mengangkut kayu balak dan kayu api, mengangkut bekalan ke lombong.
Donde antes trabajaban los caballos en las tierras del sur, ahora trabajaban los perros.
Di mana kuda pernah bekerja di Southland, anjing kini bekerja.
Buck vio algunos perros del sur, pero la mayoría eran huskies parecidos a lobos.
Buck melihat beberapa anjing dari Selatan, tetapi kebanyakannya adalah serak seperti serigala.

Por la noche, como un reloj, los perros alzaban sus voces cantando.
Pada waktu malam, seperti jam, anjing meninggikan suara mereka dalam lagu.
A las nueve, a las doce y de nuevo a las tres, empezó el canto.
Pada pukul sembilan, pada tengah malam, dan sekali lagi pada pukul tiga, nyanyian bermula.
A Buck le encantaba unirse a su canto misterioso, de sonido salvaje y antiguo.
Buck suka menyertai nyanyian menakutkan mereka, liar dan kuno dalam bunyi.
La aurora llameó, las estrellas bailaron y la nieve cubrió la tierra.
Aurora menyala, bintang menari, dan salji menyelimuti bumi.
El canto de los perros se elevó como un grito contra el silencio y el frío intenso.
Lagu anjing meningkat sebagai tangisan menentang kesunyian dan kesejukan yang pahit.
Pero su aullido contenía tristeza, no desafío, en cada larga nota.
Tetapi lolongan mereka menahan kesedihan, bukan pembangkangan, dalam setiap nada yang panjang.
Cada grito lamentable estaba lleno de súplica: el peso de la vida misma.
Setiap tangisan ratapan penuh dengan rayuan; beban hidup itu sendiri.
Esa canción era vieja, más vieja que las ciudades y más vieja que los incendios.
Lagu itu sudah lama—lebih tua daripada bandar, dan lebih tua daripada api
Aquella canción era más antigua incluso que las voces de los hombres.
Lagu itu lebih kuno daripada suara lelaki.
Era una canción del mundo joven, cuando todas las canciones eran tristes.
Ia adalah lagu dari dunia muda, apabila semua lagu sedih.

La canción transportaba el dolor de incontables generaciones de perros.
Lagu itu membawa kesedihan daripada generasi anjing yang tidak terkira banyaknya.
Buck sintió la melodía profundamente, gimiendo por un dolor arraigado en los siglos.
Buck merasakan melodi itu dengan mendalam, mengerang kesakitan yang berakar pada zaman.
Sollozaba por un dolor tan antiguo como la sangre salvaje en sus venas.
Dia menangis teresak-esak kerana kesedihan yang setua darah liar dalam uratnya.
El frío, la oscuridad y el misterio tocaron el alma de Buck.
Sejuk, gelap, dan misteri itu menyentuh jiwa Buck.
Esa canción demostró hasta qué punto Buck había regresado a sus orígenes.
Lagu itu membuktikan sejauh mana Buck telah kembali ke asalnya.
Entre la nieve y los aullidos había encontrado el comienzo de su propia vida.
Melalui salji dan melolong dia telah menemui permulaan hidupnya sendiri.

Siete días después de llegar a Dawson, partieron nuevamente.
Tujuh hari selepas tiba di Dawson, mereka berangkat sekali lagi.
El equipo descendió del cuartel hasta el sendero Yukon.
Pasukan itu turun dari Berek turun ke Laluan Yukon.
Comenzaron el viaje de regreso hacia Dyea y Salt Water.
Mereka memulakan perjalanan pulang ke arah Dyea dan Air Garam.
Perrault llevaba despachos aún más urgentes que antes.
Perrault membawa penghantaran yang lebih mendesak daripada sebelumnya.
También se sintió dominado por el orgullo por el sendero y se propuso establecer un récord.

Dia juga dirampas oleh kebanggaan jejak dan bertujuan untuk mencipta rekod.

Esta vez, varias ventajas estaban del lado de Perrault.

Kali ini, beberapa kelebihan berada di pihak Perrault.

Los perros habían descansado durante una semana entera y recuperaron su fuerza.

Anjing-anjing itu telah berehat selama seminggu penuh dan memulihkan kekuatan mereka.

El camino que ellos habían abierto ahora estaba compactado por otros.

Laluan yang telah mereka patahkan kini telah dimasuki oleh orang lain.

En algunos lugares, la policía había almacenado comida tanto para perros como para hombres.

Di beberapa tempat, polis telah menyimpan makanan untuk anjing dan lelaki.

Perrault viajaba ligero, moviéndose rápido y con poco que lo pesara.

Perrault mengembara ringan, bergerak pantas dengan sedikit yang membebankannya.

Llegaron a Sixty-Mile, un recorrido de cincuenta millas, en la primera noche.

Mereka mencapai Sixty-Mile, larian lima puluh batu, pada malam pertama.

El segundo día, se apresuraron a subir por el Yukón hacia Pelly.

Pada hari kedua, mereka bergegas menaiki Yukon ke arah Pelly.

Pero estos grandes avances implicaron un gran esfuerzo para François.

Tetapi kemajuan yang begitu baik datang dengan banyak tekanan untuk François.

La rebelión silenciosa de Buck había destrozado la disciplina del equipo.

Pemberontakan Buck secara senyap telah menghancurkan disiplin pasukan.

Ya no tiraban juntos como una sola bestia bajo las riendas.

Mereka tidak lagi bersatu seperti satu binatang dalam kekang.
Buck había llevado a otros al desafío mediante su valiente ejemplo.
Buck telah menyebabkan orang lain menentang melalui contoh beraninya.
La orden de Spitz ya no fue recibida con miedo ni respeto.
Arahan Spitz tidak lagi disambut dengan rasa takut atau hormat.
Los demás perdieron el respeto que le tenían y se atrevieron a resistirse a su gobierno.
Yang lain hilang rasa kagum terhadapnya dan berani menentang pemerintahannya.
Una noche, Pike robó medio pescado y se lo comió bajo la mirada de Buck.
Pada suatu malam, Pike mencuri separuh ikan dan memakannya di bawah mata Buck.
Otra noche, Dub y Joe pelearon contra Spitz y quedaron impunes.
Satu malam lagi, Dub dan Joe melawan Spitz dan tidak dihukum.
Incluso Billee se quejó con menos dulzura y mostró una nueva agudeza.
Malah Billee merengek kurang manis dan menunjukkan ketajaman baru.
Buck le gruñó a Spitz cada vez que se cruzaban.
Buck menengking Spitz setiap kali mereka bersilang jalan.
La actitud de Buck se volvió audaz y amenazante, casi como la de un matón.
Sikap Buck semakin berani dan mengancam, hampir seperti pembuli.
Caminó delante de Spitz con arrogancia, lleno de amenaza burlona.
Dia mundar-mandir di hadapan Spitz dengan angkuh, penuh dengan ancaman mengejek.
Ese colapso del orden se extendió también entre los perros de trineo.

Keruntuhan perintah itu juga merebak di kalangan anjing kereta luncur.

Pelearon y discutieron más que nunca, llenando el campamento de ruido.

Mereka bergaduh dan bertengkar lebih daripada sebelumnya, mengisi kem dengan bunyi bising.

La vida en el campamento se convertía cada noche en un caos salvaje y aullante.

Kehidupan perkhemahan bertukar menjadi huru-hara, melolong setiap malam.

Sólo Dave y Solleks permanecieron firmes y concentrados.

Hanya Dave dan Solleks yang kekal stabil dan fokus.

Pero incluso ellos se enojaron por las peleas constantes.

Tetapi mereka menjadi pemarah kerana pergaduhan yang berterusan.

François maldijo en lenguas extrañas y pisoteó con frustración.

François mengutuk dalam bahasa pelik dan menghentak-hentak dalam kekecewaan.

Se tiró del pelo y gritó mientras la nieve volaba bajo sus pies.

Dia mengoyakkan rambutnya dan menjerit semasa salji berterbangan di bawah kaki.

Su látigo azotó a la manada, pero apenas logró mantenerlos bajo control.

Cambuknya menerpa bungkusan itu tetapi hampir-hampir tidak dapat memastikan mereka berada dalam barisan.

Cada vez que él le daba la espalda, la lucha estallaba de nuevo.

Setiap kali dia berpaling, pergaduhan berlaku lagi.

François utilizó el látigo para azotar a Spitz, mientras Buck lideraba a los rebeldes.

François menggunakan sebatan untuk Spitz, manakala Buck mengetuai pemberontak.

Cada uno conocía el papel del otro, pero Buck evitó cualquier culpa.

Masing-masing tahu peranan masing-masing, tetapi Buck mengelak sebarang kesalahan.

François nunca sorprendió a Buck iniciando una pelea o eludiendo su trabajo.
François tidak pernah menangkap Buck memulakan pergaduhan atau mengabaikan tugasnya.

Buck trabajó duro con el arnés; el trabajo ahora emocionaba su espíritu.
Buck bekerja keras dalam abah-abah—penat lelah kini menggembirakan semangatnya.

Pero encontró aún más alegría al provocar peleas y caos en el campamento.
Tetapi dia mendapati lebih banyak kegembiraan dalam mencetuskan pergaduhan dan huru-hara di kem.

Una noche, en la desembocadura del Tahkeena, Dub asustó a un conejo.
Di mulut Tahkeena pada suatu petang, Dub mengejutkan seekor arnab.

Falló el tiro y el conejo con raquetas de nieve saltó lejos.
Dia terlepas tangkapan, dan arnab kasut salji melompat pergi.

En cuestión de segundos, todo el equipo de trineo los persiguió con gritos salvajes.
Dalam beberapa saat, seluruh pasukan kereta luncur mengejar dengan teriakan liar.

Cerca de allí, un campamento de la Policía del Noroeste albergaba cincuenta perros husky.
Berdekatan, sebuah kem Polis Barat Laut menempatkan lima puluh anjing serak.

Se unieron a la caza y navegaron juntos por el río helado.
Mereka menyertai perburuan, menyusuri sungai beku bersama-sama.

El conejo se desvió del río y huyó hacia el lecho congelado del arroyo.
Arnab itu mematikan sungai, melarikan diri ke atas dasar sungai beku.

El conejo saltaba suavemente sobre la nieve mientras los perros se abrían paso con dificultad.
Arnab itu melompat ringan di atas salji manakala anjing-anjing itu bergelut.

Buck lideró la enorme manada de sesenta perros en cada curva.
Buck mengetuai kumpulan besar enam puluh anjing mengelilingi setiap selekoh berpusing.

Avanzó lentamente y con entusiasmo, pero no pudo ganar terreno.
Dia menolak ke hadapan, rendah dan bersemangat, tetapi tidak dapat memperoleh tanah.

Su cuerpo brillaba bajo la pálida luna con cada poderoso salto.
Tubuhnya bersinar di bawah bulan pucat dengan setiap lompatan yang kuat.

Más adelante, el conejo se movía como un fantasma, silencioso y demasiado rápido para atraparlo.
Di hadapan, arnab itu bergerak seperti hantu, senyap dan terlalu pantas untuk ditangkap.

Todos esos viejos instintos —el hambre, la emoción— se apoderaron de Buck.
Semua naluri lama itu-kelaparan, keseronokan-tergesa-gesa melalui Buck.

Los humanos a veces sienten este instinto y se ven impulsados a cazar con armas de fuego y balas.
Manusia merasakan naluri ini kadang-kadang, didorong untuk memburu dengan pistol dan peluru.

Pero Buck sintió este sentimiento a un nivel más profundo y personal.
Tetapi Buck merasakan perasaan ini pada tahap yang lebih mendalam dan lebih peribadi.

No podían sentir lo salvaje en su sangre como Buck podía sentirlo.
Mereka tidak dapat merasakan darah liar mereka seperti yang dapat dirasakan oleh Buck.

Persiguió carne viva, dispuesto a matar con los dientes y saborear la sangre.
Dia mengejar daging hidup, bersedia untuk membunuh dengan giginya dan merasakan darah.
Su cuerpo se tensó de alegría, queriendo bañarse en la cálida vida roja.
Badannya tegang kegembiraan, ingin bermandi kehidupan merah hangat.
Una extraña alegría marca el punto más alto que la vida puede alcanzar.
Kegembiraan aneh menandakan titik tertinggi yang boleh dicapai oleh kehidupan.
La sensación de una cima donde los vivos olvidan que están vivos.
Perasaan puncak di mana yang hidup lupa bahawa mereka masih hidup.
Esta alegría profunda conmueve al artista perdido en una inspiración ardiente.
Kegembiraan yang mendalam ini menyentuh artis yang hilang dalam inspirasi yang berkobar-kobar.
Esta alegría se apodera del soldado que lucha salvajemente y no perdona a ningún enemigo.
Kegembiraan ini merampas askar yang bertarung secara liar dan tidak menghindarkan musuh.
Esta alegría ahora se apoderó de Buck mientras lideraba la manada con hambre primaria.
Kegembiraan ini kini menuntut Buck ketika dia memimpin kumpulan itu dalam kelaparan.
Aulló con el antiguo grito del lobo, emocionado por la persecución en vida.
Dia melolong dengan jeritan serigala purba, teruja dengan pengejaran hidup.
Buck recurrió a la parte más antigua de sí mismo, perdida en la naturaleza.
Buck mengetuk bahagian tertua dirinya, tersesat di alam liar.
Llegó a lo más profundo, más allá de la memoria, al tiempo crudo y antiguo.

Dia mencapai jauh di dalam, ingatan lampau, ke masa mentah, kuno.

Una ola de vida pura recorrió cada músculo y tendón.

Gelombang kehidupan murni melonjak melalui setiap otot dan tendon.

Cada salto gritaba que vivía, que avanzaba a través de la muerte.

Setiap lompatan menjerit bahawa dia hidup, bahawa dia bergerak melalui kematian.

Su cuerpo se elevaba alegremente sobre una tierra quieta y fría que nunca se movía.

Tubuhnya melonjak riang di atas tanah yang tenang dan sejuk yang tidak pernah bergolak.

Spitz se mantuvo frío y astuto, incluso en sus momentos más salvajes.

Spitz tetap dingin dan licik, walaupun dalam momen paling liarnya.

Dejó el sendero y cruzó el terreno donde el arroyo se curvaba ampliamente.

Dia meninggalkan denai dan menyeberangi tanah di mana anak sungai itu melengkung luas.

Buck, sin darse cuenta de esto, permaneció en el sinuoso camino del conejo.

Buck, tidak menyedari perkara ini, tinggal di laluan berliku arnab.

Entonces, cuando Buck dobló una curva, el conejo fantasmal estaba frente a él.

Kemudian, sebagai Buck bulat selekoh, arnab seperti hantu berada di hadapannya.

Vio una segunda figura saltar desde la orilla delante de la presa.

Dia melihat sosok kedua melompat dari tebing mendahului mangsa.

La figura era Spitz, aterrizando justo en el camino del conejo que huía.

Angka itu ialah Spitz, mendarat betul-betul di laluan arnab yang melarikan diri.

El conejo no pudo girar y se encontró con las fauces de Spitz en el aire.
Arnab itu tidak boleh berpusing dan bertemu dengan rahang Spitz di udara.

La columna vertebral del conejo se rompió con un chillido tan agudo como el grito de un humano moribundo.
Tulang belakang arnab itu patah dengan jeritan setajam tangisan manusia yang hampir mati.

Ante ese sonido, la caída de la vida a la muerte, la manada aulló fuerte.
Mendengar bunyi itu—kejatuhan daripada kehidupan kepada kematian—sekumpulan itu melolong dengan kuat.

Un coro salvaje se elevó detrás de Buck, lleno de oscuro deleite.
Paduan suara buas bangkit dari belakang Buck, penuh kegembiraan gelap.

Buck no emitió ningún grito ni sonido y se lanzó directamente hacia Spitz.
Buck tidak menangis, tiada bunyi, dan terus menyerang Spitz.

Apuntó a la garganta, pero en lugar de eso golpeó el hombro.
Dia membidik kerongkong, tetapi sebaliknya memukul bahu.

Cayeron sobre la nieve blanda; sus cuerpos trabados en combate.
Mereka jatuh melalui salji lembut; badan mereka terkunci dalam pertempuran.

Spitz se levantó rápidamente, como si nunca lo hubieran derribado.
Spitz melompat dengan cepat, seolah-olah tidak pernah jatuh sama sekali.

Cortó el hombro de Buck y luego saltó para alejarse de la pelea.
Dia menetak bahu Buck, kemudian melompat keluar dari pertarungan.

Sus dientes chasquearon dos veces como trampas de acero y sus labios se curvaron y fueron feroces.
Dua kali giginya patah seperti perangkap keluli, bibir melengkung dan garang.

Retrocedió lentamente, buscando terreno firme bajo sus pies.
Dia berundur perlahan-lahan, mencari tanah yang kukuh di bawah kakinya.
Buck comprendió el momento instantánea y completamente.
Buck memahami masa itu dengan serta-merta dan sepenuhnya.
Había llegado el momento; la lucha iba a ser una lucha a muerte.
Masanya telah tiba; pergaduhan itu akan menjadi pergaduhan hingga mati.
Los dos perros daban vueltas, gruñendo, con las orejas planas y los ojos entrecerrados.
Kedua-dua anjing itu mengelilingi, menggeram, telinga rata, mata mengecil.
Cada perro esperaba que el otro mostrara debilidad o un paso en falso.
Setiap anjing menunggu yang lain untuk menunjukkan kelemahan atau salah langkah.
Para Buck, la escena era inquietantemente conocida y recordada profundamente.
Bagi Buck, adegan itu terasa sangat dikenali dan diingati dengan mendalam.
El bosque blanco, la tierra fría, la batalla bajo la luz de la luna.
Hutan putih, bumi yang sejuk, pertempuran di bawah cahaya bulan.
Un pesado silencio llenó la tierra, profundo y antinatural.
Kesunyian yang mendalam memenuhi bumi, dalam dan tidak wajar.
Ningún viento se agitó, ninguna hoja se movió, ningún sonido rompió la quietud.
Tiada angin bergolak, tiada daun yang bergerak, tiada bunyi yang memecahkan kesunyian.
El aliento de los perros se elevaba como humo en el aire helado y silencioso.
Nafas anjing naik seperti asap di udara beku dan tenang.

El conejo fue olvidado hace mucho tiempo por la manada de bestias salvajes.
Arnab itu telah lama dilupakan oleh sekumpulan binatang buas.
Estos lobos medio domesticados ahora permanecían quietos formando un amplio círculo.
Serigala yang separuh jinak ini kini berdiri diam dalam bulatan yang luas.
Estaban en silencio, sólo sus ojos brillantes revelaban su hambre.
Mereka diam, hanya mata mereka yang bersinar-sinar menunjukkan rasa lapar mereka.
Su respiración se elevó mientras observaban cómo comenzaba la pelea final.
Nafas mereka melayang ke atas, menyaksikan pertarungan terakhir bermula.
Para Buck, esta batalla era vieja y esperada, nada extraña.
Bagi Buck, pertempuran ini sudah lama dan dijangka, tidak pelik sama sekali.
Parecía el recuerdo de algo que siempre estuvo destinado a suceder.
Terasa seperti ingatan tentang sesuatu yang sentiasa dimaksudkan untuk berlaku.
Spitz era un perro de pelea entrenado, perfeccionado por innumerables peleas salvajes.
Spitz ialah anjing pejuang terlatih, diasah oleh pergaduhan liar yang tidak terkira banyaknya.
Desde Spitzbergen hasta Canadá, había vencido a muchos enemigos.
Dari Spitzbergen ke Kanada, dia telah menguasai banyak musuh.
Estaba lleno de furia, pero nunca dejó controlar la rabia.
Dia dipenuhi dengan kemarahan, tetapi tidak pernah mengawal kemarahan.
Su pasión era aguda, pero siempre templada por un duro instinto.

Keghairahannya tajam, tetapi sentiasa diganggu oleh naluri yang keras.

Nunca atacó hasta que su propia defensa estuvo en su lugar.
Dia tidak pernah menyerang sehingga pertahanannya sendiri berada di tempatnya.

Buck intentó una y otra vez alcanzar el vulnerable cuello de Spitz.
Buck cuba lagi dan lagi untuk mencapai leher Spitz yang terdedah.

Pero cada golpe era correspondido con un corte de los afilados dientes de Spitz.
Tetapi setiap serangan disambut dengan tetakan dari gigi tajam Spitz.

Sus colmillos chocaron y ambos perros sangraron por los labios desgarrados.
Taring mereka bertembung, dan kedua-dua anjing berdarah dari bibir yang koyak.

No importaba cuánto se lanzara Buck, no podía romper la defensa.
Tidak kira bagaimana Buck menerjang, dia tidak dapat mematahkan pertahanan.

Se puso más furioso y se abalanzó con salvajes ráfagas de poder.
Dia menjadi lebih marah, meluru masuk dengan semburan kuasa yang liar.

Una y otra vez, Buck atacó la garganta blanca de Spitz.
Berkali-kali, Buck menyerang tekak putih Spitz.

Cada vez que Spitz esquivaba el ataque, contraatacaba con un mordisco cortante.
Setiap kali Spitz mengelak dan menyerang balik dengan gigitan menghiris.

Entonces Buck cambió de táctica y se abalanzó nuevamente hacia la garganta.
Kemudian Buck beralih taktik, bergegas seolah-olah untuk tekak lagi.

Pero él retrocedió a mitad del ataque y se giró para atacar desde un costado.

Tetapi dia menarik balik pertengahan serangan, beralih untuk menyerang dari sisi.
Le lanzó el hombro a Spitz con la intención de derribarlo.
Dia melemparkan bahunya ke Spitz, bertujuan untuk menjatuhkannya.
Cada vez que lo intentaba, Spitz lo esquivaba y contraatacaba con un corte.
Setiap kali dia mencuba, Spitz mengelak dan membalas dengan tebasan.
El hombro de Buck se enrojeció cuando Spitz saltó después de cada golpe.
Bahu Buck bertambah mentah apabila Spitz melonjak jelas selepas setiap pukulan.
Spitz no había sido tocado, mientras que Buck sangraba por muchas heridas.
Spitz tidak disentuh, manakala Buck berdarah akibat banyak luka.
La respiración de Buck era rápida y pesada y su cuerpo estaba cubierto de sangre.
Nafas Buck datang laju dan berat, badannya licin dengan darah.
La pelea se volvió más brutal con cada mordisco y embestida.
Pergaduhan menjadi lebih kejam dengan setiap gigitan dan caj.
A su alrededor, sesenta perros silenciosos esperaban que cayera el primero.
Di sekeliling mereka, enam puluh anjing senyap menunggu yang pertama jatuh.
Si un perro caía, la manada terminaría la pelea.
Jika seekor anjing jatuh, kumpulan itu akan menamatkan pertarungan.
Spitz vio que Buck se estaba debilitando y comenzó a presionar para atacar.
Spitz melihat Buck semakin lemah, dan mula menekan serangan itu.

Mantuvo a Buck fuera de equilibrio, obligándolo a luchar para mantener el equilibrio.
Dia menyimpan Buck hilang keseimbangan, memaksa dia untuk berjuang untuk pijakan.
Una vez Buck tropezó y cayó, y todos los perros se levantaron.
Sekali Buck tersandung dan jatuh, dan semua anjing bangkit.
Pero Buck se enderezó a mitad de la caída y todos volvieron a caer.
Tetapi Buck membetulkan dirinya pada pertengahan musim gugur, dan semua orang tenggelam kembali.
Buck tenía algo poco común: una imaginación nacida de un instinto profundo.
Buck mempunyai sesuatu yang jarang berlaku—imaginasi yang lahir daripada naluri yang mendalam.
Peleó con impulso natural, pero también peleó con astucia.
Dia bertarung dengan dorongan semula jadi, tetapi dia juga bertarung dengan licik.
Cargó de nuevo como si repitiera su truco de ataque con el hombro.
Dia mengecas lagi seolah-olah mengulangi helah serangan bahunya.
Pero en el último segundo, se agachó y pasó por debajo de Spitz.
Tetapi pada saat terakhir, dia jatuh rendah dan menyapu ke bawah Spitz.
Sus dientes se clavaron en la pata delantera izquierda de Spitz con un chasquido.
Giginya terkunci pada kaki kiri hadapan Spitz dengan patah.
Spitz ahora estaba inestable, con su peso sobre sólo tres patas.
Spitz kini berdiri goyah, beratnya hanya pada tiga kaki.
Buck atacó de nuevo e intentó derribarlo tres veces.
Buck menyerang lagi, cuba tiga kali untuk menjatuhkannya.
En el cuarto intento utilizó el mismo movimiento con éxito.
Pada percubaan keempat dia menggunakan langkah yang sama dengan kejayaan

Esta vez Buck logró morder la pata derecha de Spitz.
Kali ini Buck berjaya menggigit kaki kanan Spitz.
Spitz, aunque lisiado y en agonía, siguió luchando por sobrevivir.
Spitz, walaupun lumpuh dan dalam kesakitan, terus bergelut untuk terus hidup.
Vio que el círculo de huskies se estrechaba, con las lenguas afuera y los ojos brillantes.
Dia melihat bulatan huskies mengetatkan, lidah keluar, mata bersinar.
Esperaron para devorarlo, tal como habían hecho con los otros.
Mereka menunggu untuk memakan dia, sama seperti yang telah mereka lakukan kepada orang lain.
Esta vez, él estaba en el centro; derrotado y condenado.
Kali ini, dia berdiri di tengah; dikalahkan dan ditakdirkan.
Ya no había opción de escapar para el perro blanco.
Tiada pilihan untuk melarikan diri untuk anjing putih itu sekarang.
Buck no mostró piedad, porque la piedad no pertenecía a la naturaleza.
Buck tidak menunjukkan belas kasihan, kerana belas kasihan tidak berada di alam liar.
Buck se movió con cuidado, preparándose para la carga final.
Buck bergerak dengan berhati-hati, bersedia untuk pertuduhan terakhir.
El círculo de perros esquimales se cerró; sintió sus respiraciones cálidas.
Bulatan huskies ditutup; dia merasakan nafas hangat mereka.
Se agacharon, preparados para saltar cuando llegara el momento.
Mereka membongkok rendah, bersedia untuk musim bunga apabila tiba saatnya.
Spitz temblaba en la nieve, gruñendo y cambiando su postura.

Spitz bergetar di dalam salji, menggeram dan mengubah pendiriannya.

Sus ojos brillaban, sus labios se curvaron y sus dientes brillaron en una amenaza desesperada.

Matanya mencerlung, bibir melengkung, gigi berkelip-kelip tanda terdesak.

Se tambaleó, todavía intentando contener el frío mordisco de la muerte.

Dia terhuyung-hayang, masih cuba menahan dingin gigitan kematian.

Ya había visto esto antes, pero siempre desde el lado ganador.

Dia pernah melihat ini sebelum ini, tetapi sentiasa dari pihak yang menang.

Ahora estaba en el bando perdedor; el derrotado; la presa; la muerte.

Sekarang dia berada di pihak yang kalah; yang kalah; mangsa; kematian.

Buck voló en círculos para asestar el golpe final, mientras el círculo de perros se acercaba cada vez más.

Buck berpusing untuk pukulan terakhir, cincin anjing ditekan lebih dekat.

Podía sentir sus respiraciones calientes; listas para matar.

Dia dapat merasakan nafas panas mereka; bersedia untuk membunuh.

Se hizo un silencio absoluto, todo estaba en su lugar, el tiempo se había detenido.

Keheningan jatuh; semua berada di tempatnya; masa telah berhenti.

Incluso el aire frío entre ellos se congeló por un último momento.

Malah udara sejuk di antara mereka membeku buat saat terakhir.

Sólo Spitz se movió, intentando contener su amargo final.

Hanya Spitz yang bergerak, cuba menahan kepahitannya.

El círculo de perros se iba cerrando a su alrededor, tal como era su destino.

Bulatan anjing mengepungnya, begitu juga nasibnya.
Ahora estaba desesperado, sabiendo lo que estaba a punto de suceder.
Dia terdesak sekarang, tahu apa yang akan berlaku.
Buck saltó y hombro con hombro chocó una última vez.
Buck melompat masuk, bahu bertemu bahu buat kali terakhir.
Los perros se lanzaron hacia adelante, cubriendo a Spitz en la oscuridad nevada.
Anjing-anjing itu melonjak ke hadapan, menutupi Spitz dalam kegelapan bersalji.
Buck observaba, erguido, vencedor en un mundo salvaje.
Buck memerhati, berdiri tegak; pemenang dalam dunia yang ganas.
La bestia primordial dominante había cometido su asesinato, y fue bueno.
Binatang purba yang dominan telah membunuhnya, dan ia bagus.

Aquel que ha alcanzado la maestría
Dia, Yang Telah Menang untuk Menguasai

¿Eh? ¿Qué dije? Digo la verdad cuando digo que Buck es un demonio.
"Eh? Apa yang saya katakan? Saya bercakap benar apabila saya mengatakan Buck adalah syaitan."

François dijo esto a la mañana siguiente después de descubrir que Spitz había desaparecido.
François berkata demikian pada keesokan harinya selepas mendapati Spitz hilang.

Buck permaneció allí, cubierto de heridas por la feroz pelea.
Buck berdiri di sana, ditutup dengan luka akibat pergaduhan yang kejam.

François acercó a Buck al fuego y señaló las heridas.
François menarik Buck berhampiran api dan menunjuk ke arah kecederaan.

"Ese Spitz peleó como Devik", dijo Perrault, mirando los profundos cortes.
"Spitz itu bertarung seperti Devik," kata Perrault, sambil melihat luka yang dalam.

—Y ese Buck peleó como dos demonios —respondió François inmediatamente.
"Dan Buck itu bertarung seperti dua syaitan," jawab François serentak.

"Ahora iremos a buen ritmo; no más Spitz, no más problemas".
"Sekarang kita akan membuat masa yang baik; tiada lagi Spitz, tiada lagi masalah."

Perrault estaba empacando el equipo y cargando el trineo con cuidado.
Perrault sedang mengemas gear dan memuatkan kereta luncur dengan berhati-hati.

François enjaezó a los perros para prepararlos para la carrera del día.
François memanfaatkan anjing-anjing itu sebagai persediaan untuk larian hari itu.

Buck trotó directamente a la posición de liderazgo que alguna vez ocupó Spitz.
Buck berlari terus ke kedudukan pendahulu yang pernah dipegang oleh Spitz.
Pero François, sin darse cuenta, condujo a Solleks hacia el frente.
Tetapi François, tidak perasan, membawa Solleks ke hadapan ke hadapan.
A juicio de François, Solleks era ahora el mejor perro guía.
Dalam pertimbangan François, Solleks kini adalah anjing utama yang terbaik.
Buck se abalanzó furioso sobre Solleks y lo hizo retroceder en protesta.
Buck menyerbu Solleks dalam keadaan marah dan menghalaunya kembali sebagai protes.
Se situó en el mismo lugar que una vez estuvo Spitz, ocupando la posición de liderazgo.
Dia berdiri di tempat Spitz pernah berdiri, menuntut kedudukan utama.
—¿Eh? ¿Eh? —gritó François, dándose palmadas en los muslos, divertido.
"Eh? Eh?" jerit François sambil menepuk pehanya kerana geli.
—Mira a Buck. Mató a Spitz y ahora quiere aceptar el trabajo.
"Lihat Buck-dia membunuh Spitz, sekarang dia mahu mengambil kerja itu!"
—¡Vete, Chook! —gritó, intentando ahuyentar a Buck.
"Pergi, Chook!" Dia menjerit, cuba menghalau Buck.
Pero Buck se negó a moverse y se mantuvo firme en la nieve.
Tetapi Buck enggan bergerak dan berdiri teguh di dalam salji.
François agarró a Buck por la nuca y lo arrastró a un lado.
François mencengkam Buck, menyeretnya ke tepi.
Buck gruñó bajo y amenazante, pero no atacó.
Buck menggeram rendah dan mengancam tetapi tidak menyerang.
François puso a Solleks de nuevo en cabeza, intentando resolver la disputa.

François meletakkan Solleks kembali di hadapan, cuba menyelesaikan pertikaian itu

El perro viejo mostró miedo de Buck y no quería quedarse.
Anjing tua itu menunjukkan ketakutan kepada Buck dan tidak mahu tinggal.

Cuando François le dio la espalda, Buck expulsó nuevamente a Solleks.
Apabila François berpaling ke belakang, Buck menghalau Solleks keluar semula.

Solleks no se resistió y se hizo a un lado silenciosamente una vez más.
Solleks tidak melawan dan diam-diam melangkah ke tepi sekali lagi.

François se enojó y gritó: "¡Por Dios, te arreglo!"
François menjadi marah dan menjerit, "Demi Tuhan, saya memperbaiki kamu!"

Se acercó a Buck sosteniendo un pesado garrote en su mano.
Dia datang ke arah Buck memegang kayu berat di tangannya.

Buck recordaba bien al hombre del suéter rojo.
Buck mengingati lelaki berbaju sweater merah itu dengan baik.

Se retiró lentamente, observando a François, pero gruñendo profundamente.
Dia berundur perlahan-lahan, memerhati François, tetapi menggeram dalam-dalam.

No se apresuró a regresar, incluso cuando Solleks ocupó su lugar.
Dia tidak tergesa-gesa kembali, walaupun Solleks berdiri di tempatnya.

Buck voló en círculos fuera de su alcance, gruñendo con furia y protesta.
Buck mengelilingi di luar jangkauan, menggeram dalam kemarahan dan protes.

Mantuvo la vista fija en el palo, dispuesto a esquivarlo si François lanzaba.
Dia terus memandang ke arah kelab, bersedia untuk mengelak jika François membaling.

Se había vuelto sabio y cauteloso en cuanto a las costumbres de los hombres con armas.
Dia telah menjadi bijak dan berhati-hati dalam cara lelaki dengan senjata.

François se dio por vencido y llamó a Buck nuevamente a su antiguo lugar.
François menyerah dan memanggil Buck ke tempatnya semula.

Pero Buck retrocedió con cautela, negándose a obedecer la orden.
Tetapi Buck berundur dengan berhati-hati, enggan mematuhi perintah itu.

François lo siguió, pero Buck sólo retrocedió unos pasos más.
François mengikut, tetapi Buck hanya berundur beberapa langkah lagi.

Después de un tiempo, François arrojó el arma al suelo, frustrado.
Selepas beberapa lama, François melemparkan senjata itu kerana kecewa.

Pensó que Buck tenía miedo de que le dieran una paliza y que iba a venir sin hacer mucho ruido.
Dia fikir Buck takut dipukul dan akan datang secara senyap-senyap.

Pero Buck no estaba evitando el castigo: estaba luchando por su rango.
Tetapi Buck tidak mengelak daripada hukuman-dia berjuang untuk pangkat.

Se había ganado el puesto de perro líder mediante una pelea a muerte.
Dia telah mendapat tempat anjing utama melalui pertarungan hingga mati

No iba a conformarse con nada menos que ser el líder.
dia tidak akan berpuas hati dengan apa-apa yang kurang daripada menjadi ketua.

Perrault participó en la persecución para ayudar a atrapar al rebelde Buck.
Perrault mengambil tangan dalam mengejar untuk membantu menangkap Buck yang memberontak.

Juntos lo hicieron correr alrededor del campamento durante casi una hora.
Bersama-sama, mereka berlari dia mengelilingi kem selama hampir sejam.

Le lanzaron garrotes, pero Buck los esquivó hábilmente.
Mereka membaling kayu ke arahnya, tetapi Buck mengelak setiap satunya dengan mahir.

Lo maldijeron a él, a sus padres, a sus descendientes y a cada cabello que tenía.
Mereka mengutuk dia, nenek moyangnya, keturunannya, dan setiap rambut yang ada padanya.

Pero Buck sólo gruñó y se quedó fuera de su alcance.
Tetapi Buck hanya merengus dan tinggal di luar jangkauan mereka.

Nunca intentó huir, sino que rodeó el campamento deliberadamente.
Dia tidak pernah cuba melarikan diri tetapi mengelilingi kem dengan sengaja.

Dejó claro que obedecería una vez que le dieran lo que quería.
Dia menjelaskan dia akan patuh sebaik sahaja mereka memberikan apa yang dia mahu.

François finalmente se sentó y se rascó la cabeza con frustración.
François akhirnya duduk dan menggaru kepalanya kerana kecewa.

Perrault miró su reloj, maldijo y murmuró algo sobre el tiempo perdido.
Perrault memeriksa jam tangannya, bersumpah, dan bergumam tentang masa yang hilang.

Ya había pasado una hora cuando debían estar en el sendero.
Sejam sudah berlalu ketika mereka sepatutnya berada di laluan itu.

François se encogió de hombros tímidamente y miró al mensajero, quien suspiró derrotado.
François mengangkat bahu malu ke arah kurier, yang mengeluh kerana kekalahan.
Entonces François se acercó a Solleks y llamó a Buck una vez más.
Kemudian François berjalan ke Solleks dan memanggil Buck sekali lagi.
Buck se rió como se ríe un perro, pero mantuvo una distancia cautelosa.
Buck ketawa seperti anjing ketawa, tetapi menjaga jarak berhati-hati.
François le quitó el arnés a Solleks y lo devolvió a su lugar.
François menanggalkan tali pinggang Solleks dan mengembalikannya ke tempatnya.
El equipo de trineo estaba completamente arneses y solo había un lugar libre.
Pasukan kereta luncur berdiri sepenuhnya, dengan hanya satu tempat yang belum diisi.
La posición de liderazgo quedó vacía, claramente destinada solo para Buck.
Kedudukan utama kekal kosong, jelas dimaksudkan untuk Buck sahaja.
François volvió a llamar, y nuevamente Buck rió y se mantuvo firme.
François memanggil lagi, dan sekali lagi Buck ketawa dan menahan pendiriannya.
—Tira el garrote —ordenó Perrault sin dudarlo.
"Buang kelab itu," perintah Perrault tanpa teragak-agak.
François obedeció y Buck inmediatamente trotó hacia adelante orgulloso.
François menurut, dan Buck segera berlari ke hadapan dengan bangga.
Se rió triunfante y asumió la posición de líder.
Dia ketawa penuh kemenangan dan melangkah ke posisi utama.
François aseguró sus correajes y el trineo se soltó.

François memastikan jejaknya, dan kereta luncur itu terlepas.
Ambos hombres corrieron al lado del equipo mientras corrían hacia el sendero del río.
Kedua-dua lelaki berlari bersama ketika pasukan itu berlumba ke denai sungai.
François tenía en alta estima a los "dos demonios" de Buck.
François sangat menghargai "dua syaitan" Buck.
Pero pronto se dio cuenta de que en realidad había subestimado al perro.
tetapi dia tidak lama kemudian menyedari bahawa dia sebenarnya meremehkan anjing itu.
Buck asumió rápidamente el liderazgo y trabajó con excelencia.
Buck dengan cepat mengambil alih kepimpinan dan beraksi dengan cemerlang.
En juicio, pensamiento rápido y acción veloz, Buck superó a Spitz.
Dalam pertimbangan, pemikiran pantas, dan tindakan pantas, Buck mengatasi Spitz.
François nunca había visto un perro igual al que Buck mostraba ahora.
François tidak pernah melihat anjing yang setara dengan apa yang dipamerkan Buck sekarang.
Pero Buck realmente sobresalía en imponer el orden e imponer respeto.
Tetapi Buck benar-benar cemerlang dalam menegakkan perintah dan menghormati.
Dave y Solleks aceptaron el cambio sin preocupación ni protesta.
Dave dan Solleks menerima perubahan itu tanpa kebimbangan atau bantahan.
Se concentraron únicamente en el trabajo y en tirar con fuerza de las riendas.
Mereka hanya menumpukan perhatian kepada kerja dan menarik tali pinggang dengan kuat.
A ellos les importaba poco quién iba delante, siempre y cuando el trineo siguiera moviéndose.

Mereka tidak peduli siapa yang memimpin, selagi kereta luncur itu terus bergerak.
Billee, la alegre, podría haber liderado todo lo que a ellos les importaba.
Billee, yang ceria, boleh memimpin untuk semua yang mereka ambil berat.
Lo que les importaba era la paz y el orden en las filas.
Apa yang penting bagi mereka ialah keamanan dan ketenteraman dalam barisan.

El resto del equipo se había vuelto rebelde durante la decadencia de Spitz.
Selebihnya pasukan telah menjadi tidak terkawal semasa kemerosotan Spitz.
Se sorprendieron cuando Buck inmediatamente los puso en orden.
Mereka terkejut apabila Buck segera membawa mereka untuk dipesan.
Pike siempre había sido perezoso y arrastraba los pies detrás de Buck.
Pike sentiasa malas dan menyeret kakinya ke belakang Buck.
Pero ahora el nuevo liderazgo lo ha disciplinado severamente.
Tetapi kini telah didisiplinkan dengan tajam oleh kepimpinan baru.
Y rápidamente aprendió a aportar su granito de arena en el equipo.
Dan dia cepat belajar untuk menarik berat badannya dalam pasukan.
Al final del día, Pike trabajó más duro que nunca.
Pada penghujung hari, Pike bekerja lebih keras daripada sebelumnya.
Esa noche en el campamento, Joe, el perro amargado, finalmente fue sometido.
Malam itu di kem, Joe, anjing masam, akhirnya ditundukkan.
Spitz no logró disciplinarlo, pero Buck no falló.

Spitz telah gagal untuk mendisiplinkannya, tetapi Buck tidak gagal.
Utilizando su mayor peso, Buck superó a Joe en segundos.
Menggunakan berat badannya yang lebih besar, Buck menewaskan Joe dalam beberapa saat.
Mordió y golpeó a Joe hasta que gimió y dejó de resistirse.
Dia menggigit dan memukul Joe sehingga dia merengek dan berhenti melawan.
Todo el equipo mejoró a partir de ese momento.
Seluruh pasukan bertambah baik sejak saat itu.
Los perros recuperaron su antigua unidad y disciplina.
Anjing-anjing itu memperoleh semula perpaduan dan disiplin lama mereka.
En Rink Rapids, se unieron dos nuevos huskies nativos, Teek y Koona.
Di Rink Rapids, dua husky asli baharu, Teek dan Koona, menyertainya.
El rápido entrenamiento que Buck les dio sorprendió incluso a François.
Latihan pantas Buck terhadap mereka mengejutkan François.
"¡Nunca hubo un perro como ese Buck!" gritó con asombro.
"Tidak pernah ada anjing seperti Buck itu!" dia menangis kehairanan.
¡No, jamás! ¡Vale mil dólares, por Dios!
"Tidak, tidak pernah! Dia bernilai seribu dolar, demi Tuhan!"
—¿Eh? ¿Qué dices, Perrault? —preguntó con orgullo.
"Eh? Apa yang awak cakap, Perrault?" dia bertanya dengan bangga.
Perrault asintió en señal de acuerdo y revisó sus notas.
Perrault mengangguk setuju dan menyemak notanya.
Ya vamos por delante del cronograma y ganamos más cada día.
Kami sudah mendahului jadual dan memperoleh lebih banyak setiap hari.
El sendero estaba duro y liso, sin nieve fresca.
Laluan itu padat dan licin, tanpa salji segar.

El frío era constante, rondando los cincuenta grados bajo cero durante todo el tiempo.
Kesejukan adalah stabil, berlegar pada lima puluh di bawah sifar sepanjang.
Los hombres cabalgaban y corrían por turnos para entrar en calor y ganar tiempo.
Lelaki itu menunggang dan berlari secara bergilir-gilir untuk memanaskan badan dan meluangkan masa.
Los perros corrían rápido, con pocas paradas y siempre avanzando.
Anjing-anjing itu berlari pantas dengan beberapa hentian, sentiasa menolak ke hadapan.
El río Thirty Mile estaba casi congelado y era fácil cruzarlo.
Sungai Thirty Mile kebanyakannya beku dan mudah untuk dilalui.
Salieron en un día lo que habían tardado diez días en llegar.
Mereka keluar dalam satu hari yang telah mengambil masa sepuluh hari.
Hicieron una carrera de sesenta millas desde el lago Le Barge hasta White Horse.
Mereka membuat pecutan sejauh enam puluh batu dari Lake Le Barge ke White Horse.
A través de los lagos Marsh, Tagish y Bennett se movieron increíblemente rápido.
Merentasi Tasik Marsh, Tagish dan Bennett mereka bergerak dengan sangat pantas.
El hombre corriendo remolcado detrás del trineo por una cuerda.
Lelaki berlari itu menunda di belakang kereta luncur dengan seutas tali.
En la última noche de la segunda semana llegaron a su destino.
Pada malam terakhir minggu kedua mereka sampai ke destinasi mereka.
Habían llegado juntos a la cima del Paso Blanco.
Mereka telah mencapai puncak White Pass bersama-sama.

Descendieron al nivel del mar con las luces de Skaguay debajo de ellos.
Mereka jatuh ke paras laut dengan lampu Skaguay di bawahnya.
Había sido una carrera que estableció un récord a través de kilómetros de desierto frío.
Ia telah mencatat rekod larian merentasi berbatu-batu hutan belantara yang sejuk.
Durante catorce días seguidos, recorrieron un promedio de cuarenta millas.
Selama empat belas hari berturut-turut, mereka mempunyai purata empat puluh batu yang kuat.
En Skaguay, Perrault y François transportaban mercancías por la ciudad.
Di Skaguay, Perrault dan François memindahkan kargo melalui bandar.
Fueron aplaudidos y la multitud admirada les ofreció muchas bebidas.
Mereka bersorak dan menawarkan banyak minuman dengan mengagumi orang ramai.
Los cazadores de perros y los trabajadores se reunieron alrededor del famoso equipo de perros.
Pemusnah anjing dan pekerja berkumpul di sekeliling pasukan anjing terkenal.
Luego, los forajidos del oeste llegaron a la ciudad y sufrieron una derrota violenta.
Kemudian penjahat barat datang ke bandar dan menemui kekalahan ganas.
La gente pronto se olvidó del equipo y se centró en un nuevo drama.
Orang ramai tidak lama lagi melupakan pasukan itu dan memberi tumpuan kepada drama baharu.
Luego vinieron las nuevas órdenes que cambiaron todo de golpe.
Kemudian datang pesanan baru yang mengubah segala-galanya sekaligus.
François llamó a Buck y lo abrazó con orgullo entre lágrimas.

François memanggil Buck kepadanya dan memeluknya dengan penuh sebak.

Ese momento fue la última vez que Buck volvió a ver a François.

Detik itu adalah kali terakhir Buck melihat François lagi.

Como muchos hombres antes, tanto François como Perrault se habían ido.

Seperti ramai lelaki sebelum ini, kedua-dua François dan Perrault telah tiada.

Un mestizo escocés se hizo cargo de Buck y sus compañeros de equipo de perros de trineo.

Kaum separuh Scotch mengambil alih Buck dan rakan sepasukan anjing kereta luncurnya.

Con una docena de otros equipos de perros, regresaron por el sendero hasta Dawson.

Dengan sedozen pasukan anjing lain, mereka kembali di sepanjang laluan ke Dawson.

Ya no era una carrera rápida, solo un trabajo duro con una carga pesada cada día.

Ia bukan larian pantas sekarang—hanya kerja berat dengan beban yang berat setiap hari.

Éste era el tren correo que llevaba noticias a los buscadores de oro cerca del Polo.

Ini adalah kereta api mel, membawa berita kepada pemburu emas berhampiran Kutub.

A Buck no le gustaba el trabajo, pero lo soportaba bien y se enorgullecía de su esfuerzo.

Buck tidak menyukai kerja itu tetapi menanggungnya dengan baik, berbangga dengan usahanya.

Al igual que Dave y Solleks, Buck mostró devoción por cada tarea diaria.

Seperti Dave dan Solleks, Buck menunjukkan pengabdian kepada setiap tugas harian.

Se aseguró de que cada uno de sus compañeros hiciera su parte.

Dia memastikan rakan sepasukannya masing-masing menarik berat mereka.

La vida en el sendero se volvió aburrida, repetida con la precisión de una máquina.
Kehidupan jejak menjadi membosankan, berulang dengan ketepatan mesin.

Cada día parecía igual, una mañana se fundía con la siguiente.
Setiap hari terasa sama, satu pagi bercampur dengan yang berikutnya.

A la misma hora, los cocineros se levantaron para hacer fogatas y preparar la comida.
Pada jam yang sama, tukang masak bangkit untuk membakar api dan menyediakan makanan.

Después del desayuno, algunos abandonaron el campamento mientras otros enjaezaron los perros.
Selepas sarapan pagi, ada yang meninggalkan kem manakala yang lain memanfaatkan anjing.

Se pusieron en marcha antes de que la tenue señal del amanecer tocara el cielo.
Mereka melanggar denai sebelum amaran subuh yang redup menyentuh langit.

Por la noche se detenían para acampar, cada hombre con una tarea determinada.
Pada waktu malam, mereka berhenti untuk membuat perkhemahan, setiap lelaki mempunyai tugas yang ditetapkan.

Algunos montaron tiendas de campaña, otros cortaron leña y recogieron ramas de pino.
Ada yang mendirikan khemah, yang lain memotong kayu api dan mengumpul dahan pain.

Se llevaba agua o hielo a los cocineros para la cena.
Air atau ais dibawa kembali ke tukang masak untuk makan malam.

Los perros fueron alimentados y esta fue la mejor parte del día para ellos.
Anjing-anjing itu diberi makan, dan ini adalah bahagian terbaik hari itu untuk mereka.

Después de comer pescado, los perros se relajaron y descansaron cerca del fuego.
Selepas makan ikan, anjing-anjing itu berehat dan berehat berhampiran api.
Había otros cien perros en el convoy con los que mezclarse.
Terdapat seratus anjing lain dalam konvoi untuk bergaul.
Muchos de esos perros eran feroces y rápidos para pelear sin previo aviso.
Kebanyakan anjing itu garang dan cepat melawan tanpa amaran.
Pero después de tres victorias, Buck dominó incluso a los luchadores más feroces.
Tetapi selepas tiga kemenangan, Buck menguasai walaupun pejuang yang paling garang.
Cuando Buck gruñó y mostró los dientes, se hicieron a un lado.
Sekarang apabila Buck menggeram dan menunjukkan giginya, mereka melangkah ke tepi.
Quizás lo mejor de todo es que a Buck le encantaba tumbarse cerca de la fogata parpadeante.
Mungkin yang terbaik, Buck suka berbaring berhampiran unggun api yang berkelip-kelip.
Se agachó con las patas traseras dobladas y las patas delanteras estiradas hacia adelante.
Dia bongkok dengan kaki belakang terselak dan kaki depan dihulur ke hadapan.
Levantó la cabeza mientras parpadeaba suavemente ante las llamas brillantes.
Kepalanya diangkat sambil mengedip perlahan melihat api yang menyala.
A veces recordaba la gran casa del juez Miller en Santa Clara.
Kadang-kadang dia teringat rumah besar Hakim Miller di Santa Clara.
Pensó en la piscina de cemento, en Ysabel y en el pug llamado Toots.

Dia memikirkan kolam simen, Ysabel, dan pug yang dipanggil Toots.

Pero más a menudo recordaba el garrote del hombre del suéter rojo.
Tetapi lebih kerap dia teringat lelaki berbaju sweater merah itu.

Recordó la muerte de Curly y su feroz batalla con Spitz.
Dia teringat kematian Kerinting dan pertempuran sengitnya dengan Spitz.

También recordó la buena comida que había comido o con la que aún soñaba.
Dia juga mengimbau kembali makanan enak yang pernah dimakan atau masih diimpikannya.

Buck no sentía nostalgia: el cálido valle era distante e irreal.
Buck tidak rindu—lembah hangat itu jauh dan tidak nyata.

Los recuerdos de California ya no ejercían ninguna atracción sobre él.
Kenangan California tidak lagi menarik perhatiannya.

Más fuertes que la memoria eran los instintos profundos en su linaje.
Lebih kuat daripada ingatan adalah naluri yang jauh dalam garis keturunannya.

Los hábitos que una vez se habían perdido habían regresado, revividos por el camino y la naturaleza.
Tabiat yang pernah hilang telah kembali, dihidupkan semula oleh jejak dan liar.

Mientras Buck observaba la luz del fuego, a veces se convertía en otra cosa.
Semasa Buck memerhatikan cahaya api, kadangkala ia menjadi sesuatu yang lain.

Vio a la luz del fuego otro fuego, más antiguo y más profundo que el actual.
Dia melihat dalam nyalaan api api lain, lebih tua dan lebih dalam daripada yang sekarang.

Junto a ese otro fuego se agazapaba un hombre que no se parecía en nada al cocinero mestizo.

Di sebelah api lain merengkok seorang lelaki tidak seperti tukang masak separuh kambing.
Esta figura tenía piernas cortas, brazos largos y músculos duros y anudados.
Angka ini mempunyai kaki pendek, lengan panjang, dan otot bersimpul yang keras.
Su cabello era largo y enmarañado, y caía hacia atrás desde los ojos.
Rambutnya panjang dan kusut, condong ke belakang dari matanya.
Hizo ruidos extraños y miró con miedo hacia la oscuridad.
Dia mengeluarkan bunyi aneh dan merenung ketakutan pada kegelapan.
Sostenía agachado un garrote de piedra, firmemente agarrado con su mano larga y áspera.
Dia memegang kayu batu rendah, digenggam erat di tangan kasarnya yang panjang.
El hombre vestía poco: sólo una piel carbonizada que le colgaba por la espalda.
Lelaki itu memakai sedikit; hanya kulit hangus yang tergantung di belakangnya.
Su cuerpo estaba cubierto de espeso vello en los brazos, el pecho y los muslos.
Badannya dilitupi rambut tebal merentasi lengan, dada, dan peha.
Algunas partes del cabello estaban enredadas en parches de pelaje áspero.
Beberapa bahagian rambut telah kusut menjadi tompokan bulu kasar.
No se mantenía erguido, sino inclinado hacia delante desde las caderas hasta las rodillas.
Dia tidak berdiri tegak tetapi membongkok ke hadapan dari pinggul hingga lutut.
Sus pasos eran elásticos y felinos, como si estuviera siempre dispuesto a saltar.
Langkahnya kenyal dan seperti kucing, seolah-olah sentiasa bersedia untuk melompat.

Había un estado de alerta agudo, como si viviera con miedo constante.
Terdapat kewaspadaan yang tajam, seperti dia hidup dalam ketakutan yang berterusan.
Este hombre anciano parecía esperar el peligro, ya sea que lo viera o no.
Manusia purba ini seolah-olah mengharapkan bahaya, sama ada bahaya itu dilihat atau tidak.
A veces, el hombre peludo dormía junto al fuego, con la cabeza metida entre las piernas.
Ada kalanya lelaki berbulu itu tidur di tepi api, kepala terselit di antara kaki.
Sus codos descansaban sobre sus rodillas, sus manos entrelazadas sobre su cabeza.
Sikunya disandarkan pada lutut, tangan dirapatkan di atas kepala.
Como un perro, usó sus brazos peludos para protegerse de la lluvia que caía.
Seperti anjing dia menggunakan lengannya yang berbulu untuk menumpahkan hujan yang turun.
Más allá de la luz del fuego, Buck vio dos brasas brillando en la oscuridad.
Di sebalik cahaya api, Buck melihat arang berkembar bercahaya dalam gelap.
Siempre de dos en dos, eran los ojos de las bestias rapaces al acecho.
Sentiasa dua-dua, mereka adalah mata kepada binatang pemangsa yang mengintai.
Escuchó cuerpos chocando contra la maleza y ruidos en la noche.
Dia mendengar mayat berhempas melalui berus dan bunyi yang dibuat pada waktu malam.
Acostado en la orilla del Yukón, parpadeando, Buck soñaba junto al fuego.
Berbaring di tebing Yukon, berkelip, Buck bermimpi di tepi api.

Las vistas y los sonidos de ese mundo salvaje le ponían los pelos de punta.
Pemandangan dan bunyi dunia liar itu membuatkan bulu romanya berdiri.

El pelaje se le subió por la espalda, los hombros y el cuello.
Bulunya naik di sepanjang punggungnya, bahunya, dan naik ke lehernya.

Él gimió suavemente o emitió un gruñido bajo y profundo en su pecho.
Dia merengek perlahan atau mendengus perlahan jauh di dalam dadanya.

Entonces el cocinero mestizo gritó: "¡Oye, Buck, despierta!"
Kemudian tukang masak kacukan separuh itu menjerit, "Hei, awak Buck, bangun!"

El mundo de los sueños desapareció y la vida real regresó a los ojos de Buck.
Dunia impian lenyap, dan kehidupan sebenar kembali ke mata Buck.

Iba a levantarse, estirarse y bostezar, como si acabara de despertar de una siesta.
Dia akan bangun, meregang, dan menguap, seolah-olah bangun dari tidur.

El viaje fue duro, con el trineo del correo arrastrándose detrás de ellos.
Perjalanan itu sukar, dengan kereta luncur mel menyeret di belakang mereka.

Las cargas pesadas y el trabajo duro agotaban a los perros cada largo día.
Beban berat dan kerja berat meletihkan anjing setiap hari yang panjang.

Llegaron a Dawson delgados, cansados y necesitando más de una semana de descanso.
Mereka tiba di Dawson dalam keadaan kurus, letih, dan memerlukan rehat selama seminggu.

Pero sólo dos días después, emprendieron nuevamente el descenso por el Yukón.

Tetapi hanya dua hari kemudian, mereka turun semula ke Yukon.
Estaban cargados con más cartas destinadas al mundo exterior.
Mereka sarat dengan lebih banyak surat untuk dunia luar.
Los perros estaban exhaustos y los hombres se quejaban constantemente.
Anjing-anjing itu keletihan dan lelaki-lelaki itu sentiasa mengadu.
La nieve caía todos los días, suavizando el camino y ralentizando los trineos.
Salji turun setiap hari, melembutkan laluan dan memperlahankan kereta luncur.
Esto provocó que el tirón fuera más difícil y hubo más resistencia para los corredores.
Ini menjadikan tarikan lebih keras dan lebih banyak seretan pada pelari.
A pesar de eso, los pilotos fueron justos y se preocuparon por sus equipos.
Walaupun begitu, para pemandu bersikap adil dan mengambil berat terhadap pasukan mereka.
Cada noche, los perros eran alimentados antes de que los hombres pudieran comer.
Setiap malam, anjing diberi makan sebelum lelaki itu makan.
Ningún hombre duerme sin antes revisar las patas de su propio perro.
Tiada lelaki yang tidur sebelum memeriksa kaki anjingnya sendiri.
Aún así, los perros se fueron debilitando a medida que los kilómetros iban desgastando sus cuerpos.
Namun, anjing-anjing itu semakin lemah apabila batu-batu itu memakai badan mereka.
Habían viajado mil ochocientas millas durante el invierno.
Mereka telah mengembara lapan belas ratus batu melalui musim sejuk.
Tiraron de trineos a lo largo de cada milla de esa brutal distancia.

Mereka menarik kereta luncur merentasi setiap batu dari jarak kejam itu.

Incluso los perros de trineo más resistentes sienten tensión después de tantos kilómetros.

Malah anjing kereta luncur yang paling sukar berasa tegang selepas beberapa batu.

Buck aguantó, mantuvo a su equipo trabajando y mantuvo la disciplina.

Buck bertahan, memastikan pasukannya bekerja, dan mengekalkan disiplin.

Pero Buck estaba cansado, al igual que los demás en el largo viaje.

Tetapi Buck keletihan, sama seperti yang lain dalam perjalanan yang jauh.

Billee gemía y lloraba mientras dormía todas las noches sin falta.

Billee merengek dan menangis dalam tidurnya setiap malam tanpa gagal.

Joe se volvió aún más amargado y Solleks se mantuvo frío y distante.

Joe menjadi lebih pahit, dan Solleks kekal dingin dan jauh.

Pero fue Dave quien sufrió más de todo el equipo.

Tetapi Dave yang paling menderita daripada keseluruhan pasukan.

Algo había ido mal dentro de él, aunque nadie sabía qué.

Ada sesuatu yang tidak kena dalam dirinya, walaupun tiada siapa yang tahu apa.

Se volvió más malhumorado y les gritaba a los demás con creciente enojo.

Dia menjadi lebih murung dan membentak orang lain dengan kemarahan yang semakin meningkat.

Cada noche iba directo a su nido, esperando ser alimentado.

Setiap malam dia terus ke sarangnya, menunggu untuk diberi makan.

Una vez que cayó, Dave no se levantó hasta la mañana.

Sebaik sahaja dia turun, Dave tidak bangun lagi sehingga pagi.

En las riendas, tirones o arranques repentinos le hacían gritar de dolor.
Pada tanduk, tersentak atau mula secara tiba-tiba membuatkan dia menangis kesakitan.

Su conductor buscó la causa, pero no encontró heridos.
Pemandunya mencari punca, tetapi tidak menemui kecederaan padanya.

Todos los conductores comenzaron a observar a Dave y discutieron su caso.
Semua pemandu mula memerhati Dave dan membincangkan kesnya.

Hablaron durante las comidas y durante el último cigarrillo del día.
Mereka bercakap semasa makan dan semasa asap terakhir mereka pada hari itu.

Una noche tuvieron una reunión y llevaron a Dave al fuego.
Suatu malam mereka mengadakan mesyuarat dan membawa Dave ke api.

Le apretaron y le palparon el cuerpo, y él gritaba a menudo.
Mereka menekan dan menyiasat tubuhnya, dan dia sering menangis.

Estaba claro que algo iba mal, aunque no parecía haber ningún hueso roto.
Jelas sekali, ada sesuatu yang tidak kena, walaupun tiada tulang yang kelihatan patah.

Cuando llegaron a Cassiar Bar, Dave se estaba cayendo.
Ketika mereka tiba di Cassiar Bar, Dave telah jatuh terduduk.

El mestizo escocés pidió un alto y eliminó a Dave del equipo.
Kaum separuh baka Scotch berhenti dan mengeluarkan Dave daripada pasukan.

Sujetó a Solleks en el lugar de Dave, más cerca del frente del trineo.
Dia mengikat Solleks di tempat Dave, paling hampir dengan bahagian hadapan kereta luncur itu.

Su intención era dejar que Dave descansara y corriera libremente detrás del trineo en movimiento.

Dia bermaksud untuk membiarkan Dave berehat dan berlari bebas di belakang kereta luncur yang bergerak.

Pero incluso estando enfermo, Dave odiaba que lo sacaran del trabajo que había tenido.

Tetapi walaupun sakit, Dave benci diambil dari pekerjaan yang dimilikinya.

Gruñó y gimió cuando le quitaron las riendas del cuerpo.

Dia merengek dan merengek apabila tali kekang ditarik dari badannya.

Cuando vio a Solleks en su lugar, lloró con el corazón roto.

Apabila dia melihat Solleks di tempatnya, dia menangis dengan kesakitan yang patah hati.

El orgullo por el trabajo en los senderos estaba profundamente arraigado en Dave, incluso cuando se acercaba la muerte.

Kebanggaan kerja jejak adalah mendalam dalam diri Dave, walaupun kematian menghampiri.

Mientras el trineo se movía, Dave se tambaleaba sobre la nieve blanda cerca del sendero.

Semasa kereta luncur itu bergerak, Dave menggelepar melalui salji lembut berhampiran denai.

Atacó a Solleks, mordiéndolo y empujándolo desde el costado del trineo.

Dia menyerang Solleks, menggigit dan menolaknya dari sisi kereta luncur.

Dave intentó saltar al arnés y recuperar su lugar de trabajo.

Dave cuba melompat ke dalam abah-abah dan menuntut semula tempat kerjanya.

Gritó, se quejó y lloró, dividido entre el dolor y el orgullo por el trabajo.

Dia menjerit, merengek, dan menangis, terbelah antara kesakitan dan kebanggaan dalam melahirkan anak.

El mestizo usó su látigo para intentar alejar a Dave del equipo.

Kaum separuh itu menggunakan cemetinya untuk cuba menghalau Dave daripada pasukan.

Pero Dave ignoró el látigo y el hombre no pudo golpearlo más fuerte.
Tetapi Dave tidak mengendahkan sebatan itu, dan lelaki itu tidak boleh memukulnya lebih kuat.
Dave rechazó el camino más fácil detrás del trineo, donde la nieve estaba acumulada.
Dave menolak laluan yang lebih mudah di belakang kereta luncur, di mana salji dipenuhi.
En cambio, luchaba en la nieve profunda junto al sendero, en la miseria.
Sebaliknya, dia bergelut dalam salji yang dalam di sebelah denai, dalam kesengsaraan.
Finalmente, Dave se desplomó, quedó tendido en la nieve y aullando de dolor.
Akhirnya, Dave rebah, terbaring di atas salji dan meraung kesakitan.
Gritó cuando el largo tren de trineos pasó a su lado uno por uno.
Dia menjerit apabila kereta luncur panjang melewatinya satu persatu.
Aún con las fuerzas que le quedaban, se levantó y tropezó tras ellos.
Namun, dengan kekuatan yang masih ada, dia bangkit dan tersandung mengejar mereka.
Lo alcanzó cuando el tren se detuvo nuevamente y encontró su viejo trineo.
Dia mengejar apabila kereta api berhenti semula dan menemui kereta luncur lamanya.
Pasó junto a los otros equipos y se quedó de nuevo al lado de Solleks.
Dia menggelepar melepasi pasukan lain dan berdiri di sebelah Solleks semula.
Cuando el conductor se detuvo para encender su pipa, Dave aprovechó su última oportunidad.
Semasa pemandu berhenti untuk menyalakan paipnya, Dave mengambil peluang terakhirnya.
Cuando el conductor regresó y gritó, el equipo no avanzó.

Apabila pemandu itu kembali dan menjerit, pasukan itu tidak bergerak ke hadapan.

Los perros habían girado la cabeza, confundidos por la parada repentina.

Anjing-anjing itu telah menoleh, keliru dengan pemberhentian secara tiba-tiba.

El conductor también estaba sorprendido: el trineo no se había movido ni un centímetro hacia adelante.

Pemandu itu juga terkejut— kereta luncur itu tidak bergerak seinci ke hadapan.

Llamó a los demás para que vinieran a ver qué había sucedido.

Dia memanggil yang lain untuk datang dan melihat apa yang telah berlaku.

Dave había mordido las riendas de Solleks, rompiéndolas ambas.

Dave telah mengunyah kekang Solleks, memecahkan kedua-duanya.

Ahora estaba de pie frente al trineo, nuevamente en su posición correcta.

Kini dia berdiri di hadapan kereta luncur, kembali dalam kedudukannya yang sepatutnya.

Dave miró al conductor y le rogó en silencio que se mantuviera en el carril.

Dave mendongak ke arah pemandu, dalam diam merayu untuk kekal dalam jejak.

El conductor estaba desconcertado, sin saber qué hacer con el perro que luchaba.

Pemandu itu hairan, tidak pasti apa yang perlu dilakukan untuk anjing yang bergelut itu.

Los otros hombres hablaron de perros que habían muerto al ser sacados a la calle.

Lelaki lain bercakap tentang anjing yang telah mati kerana dibawa keluar.

Contaron sobre perros viejos o heridos cuyo corazón se rompió al ser abandonados.

Mereka memberitahu anjing tua atau cedera yang hatinya hancur apabila ditinggalkan.

Estuvieron de acuerdo en que era una misericordia dejar que Dave muriera mientras aún estaba en su arnés.

Mereka bersetuju bahawa ia adalah belas kasihan untuk membiarkan Dave mati semasa masih dalam abahnya.

Lo volvieron a sujetar al trineo y Dave tiró con orgullo.

Dia diikat semula ke atas kereta luncur, dan Dave ditarik dengan bangga.

Aunque a veces gritaba, trabajaba como si el dolor pudiera ignorarse.

Walaupun dia kadang-kadang menangis, dia bekerja seolah-olah kesakitan boleh diabaikan.

Más de una vez se cayó y fue arrastrado antes de levantarse de nuevo.

Lebih daripada sekali dia jatuh dan diseret sebelum bangkit semula.

Un día, el trineo pasó por encima de él y desde ese momento empezó a cojear.

Sekali, kereta luncur itu bergolek di atasnya, dan dia terpincang-pincang sejak saat itu.

Aún así, trabajó hasta llegar al campamento y luego se acostó junto al fuego.

Namun, dia bekerja sehingga kem dicapai, dan kemudian berbaring di tepi api.

Por la mañana, Dave estaba demasiado débil para viajar o incluso mantenerse en pie.

Menjelang pagi, Dave terlalu lemah untuk bergerak atau berdiri tegak.

En el momento de preparar el arnés, intentó alcanzar a su conductor con un esfuerzo tembloroso.

Pada masa abah-abah, dia cuba mencapai pemandunya dengan usaha yang menggeletar.

Se obligó a levantarse, se tambaleó y se desplomó sobre el suelo nevado.

Dia memaksa dirinya bangun, terhuyung-hayang, dan rebah ke tanah bersalji.

Utilizando sus patas delanteras, arrastró su cuerpo hacia el área del arnés.
Menggunakan kaki hadapannya, dia mengheret badannya ke arah kawasan harnessing.
Avanzó poco a poco, centímetro a centímetro, hacia los perros de trabajo.
Dia memaut dirinya ke hadapan, inci demi inci, ke arah anjing yang bekerja.
Sus fuerzas se acabaron, pero siguió avanzando en su último y desesperado esfuerzo.
Kekuatannya hilang, tetapi dia terus bergerak dalam tolakan terakhirnya yang terdesak.
Sus compañeros de equipo lo vieron jadeando en la nieve, todavía deseando unirse a ellos.
Rakan sepasukannya melihat dia tercungap-cungap di dalam salji, masih rindu untuk menyertai mereka.
Lo oyeron aullar de dolor mientras dejaban atrás el campamento.
Mereka mendengar dia melolong dengan kesedihan ketika mereka meninggalkan perkhemahan itu.
Cuando el equipo desapareció entre los árboles, el grito de Dave resonó detrás de ellos.
Ketika pasukan itu hilang ke dalam pokok, tangisan Dave bergema di belakang mereka.
El tren de trineos se detuvo brevemente después de cruzar un tramo de bosque junto al río.
Kereta luncur itu berhenti seketika selepas melintasi sebatang kayu sungai.
El mestizo escocés caminó lentamente de regreso hacia el campamento que estaba detrás.
Kaum separuh baka Scotch berjalan perlahan-lahan kembali ke arah perkhemahan di belakang.
Los hombres dejaron de hablar cuando lo vieron salir del tren de trineos.
Lelaki itu berhenti bercakap apabila mereka melihat dia meninggalkan kereta luncur.
Entonces un único disparo se oyó claro y nítido en el camino.

Kemudian satu das tembakan kedengaran jelas dan tajam melintasi laluan itu.

El hombre regresó rápidamente y ocupó su lugar sin decir palabra.

Lelaki itu kembali dengan pantas dan mengambil tempat tanpa sebarang kata.

Los látigos crujieron, las campanas tintinearon y los trineos rodaron por la nieve.

Cambuk retak, loceng berdering, dan kereta luncur bergolek melalui salji.

Pero Buck sabía lo que había sucedido... y todos los demás perros también.

Tetapi Buck tahu apa yang telah berlaku-dan begitu juga setiap anjing lain.

El trabajo de las riendas y el sendero
Jerih payah Tanduk dan Jejak

Treinta días después de salir de Dawson, el Salt Water Mail llegó a Skaguay.
Tiga puluh hari selepas meninggalkan Dawson, Mail Air Garam tiba di Skaguay.

Buck y sus compañeros tomaron la delantera, llegando en lamentables condiciones.
Buck dan rakan sepasukannya mendahului, tiba dalam keadaan menyedihkan.

Buck había bajado de ciento cuarenta a ciento quince libras.
Buck telah turun daripada seratus empat puluh kepada seratus lima belas paun.

Los otros perros, aunque más pequeños, habían perdido aún más peso corporal.
Anjing-anjing lain, walaupun lebih kecil, telah kehilangan lebih banyak berat badan.

Pike, que antes fingía cojear, ahora arrastraba tras él una pierna realmente herida.
Pike, yang dahulunya seorang lemper palsu, kini mengheret kaki yang benar-benar cedera di belakangnya.

Solleks cojeaba mucho y Dub tenía un omóplato torcido.
Solleks terpincang-pincang dengan teruk, dan tulang belikat Dub tercabut.

Todos los perros del equipo tenían las patas doloridas por las semanas que pasaron en el sendero helado.
Setiap anjing dalam pasukan itu sakit kaki selama berminggu-minggu di laluan beku.

Ya no tenían resorte en sus pasos, sólo un movimiento lento y arrastrado.
Mereka tidak mempunyai mata air lagi dalam langkah mereka, hanya gerakan yang perlahan dan menyeret.

Sus pies golpeaban el sendero con fuerza y cada paso añadía más tensión a sus cuerpos.
Kaki mereka menghentak denai dengan kuat, setiap langkah menambah ketegangan pada badan mereka.

No estaban enfermos, sólo agotados más allá de toda recuperación natural.
Mereka tidak sakit, hanya dikeringkan di luar semua pemulihan semula jadi.

No era el cansancio de un día duro que se curaba con una noche de descanso.
Ini bukanlah keletihan dari satu hari yang sukar, sembuh dengan rehat malam.

Fue un agotamiento acumulado lentamente a lo largo de meses de esfuerzo agotador.
Ia adalah keletihan yang dibina perlahan-lahan melalui usaha yang melelahkan selama berbulan-bulan.

No quedaban reservas de fuerza: habían agotado todas las que tenían.
Tiada kekuatan simpanan yang tinggal—mereka telah menggunakan semua yang mereka ada.

Cada músculo, fibra y célula de sus cuerpos estaba gastado y desgastado.
Setiap otot, serat, dan sel dalam badan mereka dihabiskan dan haus.

Y había una razón: habían recorrido dos mil quinientas millas.
Dan ada sebabnya—mereka telah menempuh jarak dua puluh lima ratus batu.

Habían descansado sólo cinco días durante las últimas mil ochocientas millas.
Mereka telah berehat hanya lima hari selama lapan belas ratus batu yang lalu.

Cuando llegaron a Skaguay, parecían apenas capaces de mantenerse en pie.
Apabila mereka tiba di Skaguay, mereka kelihatan hampir tidak dapat berdiri tegak.

Se esforzaron por mantener las riendas tensas y permanecer delante del trineo.
Mereka bergelut untuk mengekalkan tampuk ketat dan berada di hadapan kereta luncur.

En las bajadas sólo lograron evitar ser atropellados.

Di cerun menuruni bukit, mereka hanya sempat mengelak daripada digilis.

"Sigan adelante, pobres pies doloridos", dijo el conductor mientras cojeaban.

"Majulah, kaki sakit," kata pemandu itu sambil berjalan tertatih-tatih.

"Este es el último tramo, luego todos tendremos un largo descanso, seguro".

"Ini adalah regangan terakhir, kemudian kita semua berehat panjang, pasti."

"Un descanso verdaderamente largo", prometió mientras los observaba tambalearse hacia adelante.

"Satu rehat yang benar-benar lama," dia berjanji, melihat mereka terhuyung-huyung ke hadapan.

Los conductores esperaban que ahora tuvieran un descanso largo y necesario.

Pemandu menjangkakan mereka akan mendapat rehat yang panjang dan diperlukan.

Habían recorrido mil doscientas millas con sólo dos días de descanso.

Mereka telah mengembara dua belas ratus batu dengan hanya berehat dua hari.

Por justicia y razón, sintieron que se habían ganado tiempo para relajarse.

Dengan keadilan dan alasan, mereka merasakan mereka telah mendapat masa untuk berehat.

Pero eran demasiados los que habían llegado al Klondike y muy pocos los que se habían quedado en casa.

Tetapi terlalu ramai yang datang ke Klondike, dan terlalu sedikit yang tinggal di rumah.

Las cartas de las familias llegaron en masa, creando montañas de correo retrasado.

Surat daripada keluarga membanjiri, mencipta timbunan surat tertangguh.

Llegaron órdenes oficiales: nuevos perros de la Bahía de Hudson tomarían el control.

Pesanan rasmi tiba—anjing Hudson Bay baharu akan mengambil alih.

Los perros exhaustos, ahora llamados inútiles, debían ser eliminados.

Anjing-anjing yang keletihan, yang kini dipanggil tidak bernilai, harus dilupuskan.

Como el dinero importaba más que los perros, los iban a vender a bajo precio.

Oleh kerana wang lebih penting daripada anjing, mereka akan dijual dengan murah.

Pasaron tres días más antes de que los perros sintieran lo débiles que estaban.

Tiga hari lagi berlalu sebelum anjing-anjing itu merasakan betapa lemahnya mereka.

En la cuarta mañana, dos hombres de Estados Unidos compraron todo el equipo.

Pada pagi keempat, dua lelaki dari Amerika membeli seluruh pasukan.

La venta incluía todos los perros, además de sus arneses usados.

Jualan itu termasuk semua anjing, serta peralatan abah-abah yang dipakai.

Los hombres se llamaban entre sí "Hal" y "Charles" mientras completaban el trato.

Lelaki itu memanggil satu sama lain "Hal" dan "Charles" semasa mereka menyelesaikan perjanjian itu.

Charles era un hombre de mediana edad, pálido, con labios flácidos y puntas de bigote feroces.

Charles pertengahan umur, pucat, bibir lembik dan hujung misai garang.

Hal era un hombre joven, de unos diecinueve años, que llevaba un cinturón lleno de cartuchos.

Hal adalah seorang lelaki muda, mungkin sembilan belas, memakai tali pinggang yang diisi kartrij.

El cinturón contenía un gran revólver y un cuchillo de caza, ambos sin usar.

Tali pinggang itu memegang revolver besar dan pisau memburu, kedua-duanya tidak digunakan.

Esto demostró lo inexperto e inadecuado que era para la vida en el norte.

Ia menunjukkan betapa dia tidak berpengalaman dan tidak sesuai untuk kehidupan di utara.

Ninguno de los dos pertenecía a la naturaleza; su presencia desafiaba toda razón.

Kedua-dua lelaki tidak tergolong dalam alam liar; kehadiran mereka menentang segala alasan.

Buck observó cómo el dinero intercambiaba manos entre el comprador y el agente.

Buck melihat ketika wang bertukar tangan antara pembeli dan ejen.

Sabía que los conductores de trenes correos abandonaban su vida como el resto.

Dia tahu pemandu kereta api mel meninggalkan hidupnya seperti yang lain.

Siguieron a Perrault y a François, ahora desaparecidos sin posibilidad de recuperación.

Mereka mengikuti Perrault dan François, kini tidak dapat diingati lagi.

Buck y el equipo fueron conducidos al descuidado campamento de sus nuevos dueños.

Buck dan pasukan telah dibawa ke kem ceroboh pemilik baru mereka.

La tienda se hundía, los platos estaban sucios y todo estaba desordenado.

Khemah kendur, pinggan mangkuk kotor, dan semuanya berantakan.

Buck también notó que había una mujer allí: Mercedes, la esposa de Charles y hermana de Hal.

Buck melihat seorang wanita di sana juga—Mercedes, isteri Charles dan adik kepada Hal.

Formaban una familia completa, aunque no eran aptos para el recorrido.

Mereka membuat keluarga yang lengkap, walaupun jauh dari sesuai dengan jejak.
Buck observó nervioso cómo el trío comenzó a empacar los suministros.
Buck memerhati dengan gugup apabila ketiga-tiga mereka mula mengemas bekalan.
Trabajaron duro, pero sin orden: sólo alboroto y esfuerzos desperdiciados.
Mereka bekerja keras tetapi tanpa perintah—hanya kekecohan dan usaha yang sia-sia.
La tienda estaba enrollada hasta formar un volumen demasiado grande para el trineo.
Khemah itu digulung menjadi bentuk yang besar, terlalu besar untuk kereta luncur.
Los platos sucios se empaquetaron sin limpiarlos ni secarlos.
Pinggan mangkuk yang kotor dibungkus tanpa dibersihkan atau dikeringkan sama sekali.
Mercedes revoloteaba por todos lados, hablando, corrigiendo y entrometiéndose constantemente.
Mercedes berkibar-kibar, sentiasa bercakap, membetulkan, dan campur tangan.
Cuando le ponían un saco en el frente, ella insistía en que lo pusieran en la parte de atrás.
Apabila sebuah guni diletakkan di hadapan, dia menegaskan ia diletakkan di belakang.
Metió la bolsa en el fondo y al siguiente momento la necesitó.
Dia membungkus guni di bahagian bawah, dan pada saat berikutnya dia memerlukannya.
De esta manera, el trineo fue desempaquetado nuevamente para alcanzar la bolsa específica.
Jadi kereta luncur itu dibuka semula untuk mencapai satu beg tertentu.
Cerca de allí, tres hombres estaban parados afuera de una tienda de campaña, observando cómo se desarrollaba la escena.

Berdekatan, tiga lelaki berdiri di luar khemah, melihat kejadian itu berlaku.

Sonrieron, guiñaron el ojo y sonrieron ante la evidente confusión de los recién llegados.

Mereka tersenyum, mengenyitkan mata, dan tersengih melihat kekeliruan yang jelas kelihatan oleh pendatang baru.

"Ya tienes una carga bastante pesada", dijo uno de los hombres.

"Anda sudah mempunyai beban yang betul," kata salah seorang lelaki itu.

"No creo que debas llevar esa tienda de campaña, pero es tu elección".

"Saya tidak fikir anda perlu membawa khemah itu, tetapi ia adalah pilihan anda."

"¡Inimaginable!", exclamó Mercedes levantando las manos con desesperación.

"Tidak diimpikan!" jerit Mercedes sambil mengangkat tangannya dalam keputusasaan.

"¿Cómo podría viajar sin una tienda de campaña donde refugiarme?"

"Bagaimana saya boleh mengembara tanpa khemah untuk tinggal di bawah?"

"Es primavera, ya no volverás a ver el frío", respondió el hombre.

"Sekarang musim bunga—anda tidak akan melihat cuaca sejuk lagi," jawab lelaki itu.

Pero ella meneó la cabeza y ellos siguieron apilando objetos en el trineo.

Tetapi dia menggelengkan kepalanya, dan mereka terus menimbun barang-barang ke atas kereta luncur.

La carga se elevó peligrosamente a medida que añadían los últimos elementos.

Beban itu menjulang tinggi dengan berbahaya apabila mereka menambah perkara terakhir.

"¿Crees que el trineo se deslizará?" preguntó uno de los hombres con mirada escéptica.

"Fikirkan kereta luncur itu akan naik?" tanya salah seorang lelaki itu dengan pandangan skeptikal.

"¿Por qué no debería?", replicó Charles con gran fastidio.

"Kenapa tidak sepatutnya?" Charles membalas dengan kegusaran yang tajam.

—Está bien —dijo rápidamente el hombre, alejándose un poco de la ofensa.

"Oh, tidak apa-apa," lelaki itu berkata dengan cepat, berundur dari kesalahan.

"Solo me preguntaba, me pareció que tenía la parte superior demasiado pesada".

"Saya hanya tertanya-tanya-ia kelihatan agak terlalu berat bagi saya."

Charles se dio la vuelta y ató la carga lo mejor que pudo.

Charles berpaling dan mengikat beban itu sebaik mungkin.

Pero las ataduras estaban sueltas y el embalaje en general estaba mal hecho.

Tetapi sebatan itu longgar dan pembungkusan tidak dilakukan secara keseluruhan.

"Claro, los perros tirarán de eso todo el día", dijo otro hombre con sarcasmo.

"Pasti, anjing-anjing itu akan menariknya sepanjang hari," kata lelaki lain dengan sinis.

—Por supuesto —respondió Hal con frialdad, agarrando el largo palo del trineo.

"Sudah tentu," jawab Hal dingin, meraih tiang gee-gee yang panjang.

Con una mano en el poste, blandía el látigo con la otra.

Dengan sebelah tangan di atas tiang, dia menghayunkan cemeti pada sebelah lagi.

"¡Vamos!", gritó. "¡Muévanse!", instando a los perros a empezar.

"Jom!" dia menjerit. "Alihkannya!" menggesa anjing untuk memulakan.

Los perros se inclinaron hacia el arnés y se tensaron durante unos instantes.

Anjing-anjing itu bersandar pada abah-abah dan tegang untuk beberapa saat.

Entonces se detuvieron, incapaces de mover ni un centímetro el trineo sobrecargado.

Kemudian mereka berhenti, tidak dapat mengalihkan kereta luncur yang sarat itu satu inci.

—¡Esos brutos perezosos! —gritó Hal, levantando el látigo para golpearlos.

"Bangsat pemalas!" Hal menjerit, mengangkat cambuk untuk memukul mereka.

Pero Mercedes entró corriendo y le arrebató el látigo de las manos a Hal.

Tetapi Mercedes meluru masuk dan merampas cambuk dari tangan Hal.

—Oh, Hal, no te atrevas a hacerles daño —gritó alarmada.

"Oh, Hal, jangan kamu berani menyakiti mereka," dia menangis ketakutan.

"Prométeme que serás amable con ellos o no daré un paso más".

"Berjanjilah kepada saya anda akan berbuat baik kepada mereka, atau saya tidak akan pergi selangkah lagi."

—No sabes nada de perros —le espetó Hal a su hermana.

"Kamu tidak tahu apa-apa tentang anjing," bentak Hal pada kakaknya.

"Son perezosos y la única forma de moverlos es azotándolos".

"Mereka malas, dan satu-satunya cara untuk menggerakkan mereka adalah dengan menyebat mereka."

"Pregúntale a cualquiera, pregúntale a uno de esos hombres de allí si dudas de mí".

"Tanya sesiapa sahaja—tanyalah salah seorang daripada lelaki di sana jika kamu meragui saya."

Mercedes miró a los espectadores con ojos suplicantes y llorosos.

Mercedes memandang orang yang melihat dengan mata yang merayu dan sebak.

- 143 -

Su rostro mostraba lo profundamente que odiaba ver cualquier dolor.
Wajahnya menunjukkan betapa dia benci melihat sebarang kesakitan.

"Están débiles, eso es todo", dijo un hombre. "Están agotados".
"Mereka lemah, itu sahaja," kata seorang lelaki. "Mereka sudah haus."

"Necesitan descansar, han trabajado demasiado tiempo sin descansar".
"Mereka memerlukan rehat-mereka telah bekerja terlalu lama tanpa rehat."

—Maldito sea el resto —murmuró Hal con el labio curvado.
"Rehatlah terkutuk," gumam Hal dengan bibir melengkung.

Mercedes jadeó, visiblemente dolida por la grosera palabra que pronunció.
Mercedes tersentak, jelas kesakitan dengan kata-kata kasar daripadanya.

Aún así, ella se mantuvo leal y defendió instantáneamente a su hermano.
Namun, dia tetap setia dan serta-merta mempertahankan abangnya.

—No le hagas caso a ese hombre —le dijo a Hal—. Son nuestros perros.
"Jangan kisah lelaki itu," katanya kepada Hal. "Mereka anjing kami."

"Los conduces como mejor te parezca, haz lo que creas correcto".
"Anda memandu mereka mengikut apa yang anda fikirkan patut-buat apa yang anda fikir betul."

Hal levantó el látigo y volvió a golpear a los perros sin piedad.
Hal mengangkat cambuk dan memukul anjing-anjing itu lagi tanpa belas kasihan.

Se lanzaron hacia adelante, con el cuerpo agachado y los pies hundidos en la nieve.

Mereka menerjang ke hadapan, badan rendah, kaki menolak ke dalam salji.
Ponían toda su fuerza en tirar, pero el trineo no se movía.
Semua kekuatan mereka masuk ke dalam tarikan, tetapi kereta luncur itu tidak bergerak.
El trineo quedó atascado, como un ancla congelada en la nieve compacta.
Kereta luncur itu tetap tersangkut, seperti sauh beku ke dalam salji yang penuh sesak.
Tras un segundo esfuerzo, los perros se detuvieron de nuevo, jadeando con fuerza.
Selepas usaha kedua, anjing-anjing itu berhenti lagi, tercungap-cungap.
Hal levantó el látigo una vez más, justo cuando Mercedes interfirió nuevamente.
Hal mengangkat cambuk sekali lagi, sama seperti Mercedes mengganggu sekali lagi.
Ella cayó de rodillas frente a Buck y abrazó su cuello.
Dia melutut di hadapan Buck dan memeluk lehernya.
Las lágrimas llenaron sus ojos mientras le suplicaba al perro exhausto.
Air mata memenuhi matanya ketika dia merayu kepada anjing yang keletihan itu.
"Pobres queridos", dijo, "¿por qué no tiran más fuerte?"
"Kamu yang malang," katanya, "mengapa kamu tidak tarik lebih kuat?"
"Si tiras, no te azotarán así".
"Jika anda menarik, maka anda tidak akan disebat seperti ini."
A Buck no le gustaba Mercedes, pero estaba demasiado cansado para resistirse a ella ahora.
Buck tidak menyukai Mercedes, tetapi dia terlalu letih untuk menentangnya sekarang.
Él aceptó sus lágrimas como una parte más de ese día miserable.
Dia menerima air matanya sebagai sebahagian lagi daripada hari yang menyedihkan itu.

Uno de los hombres que observaban finalmente habló después de contener su ira.
Salah seorang lelaki yang memerhati akhirnya bersuara setelah menahan marah.
"No me importa lo que les pase a ustedes, pero esos perros importan".
"Saya tidak kisah apa yang berlaku kepada kamu semua, tetapi anjing itu penting."
"Si quieres ayudar, suelta ese trineo: está congelado hasta la nieve".
"Jika anda ingin membantu, longgarkan kereta luncur itu — ia beku sehingga salji."
"Presiona con fuerza el polo G, derecha e izquierda, y rompe el sello de hielo".
"Tolak kuat-kuat kutub gee, kanan dan kiri, dan pecahkan anjing laut ais."
Se hizo un tercer intento, esta vez siguiendo la sugerencia del hombre.
Percubaan ketiga dilakukan, kali ini mengikut cadangan lelaki itu.
Hal balanceó el trineo de un lado a otro, soltando los patines.
Hal menggoyangkan kereta luncur dari sisi ke sisi, menyebabkan pelari terlepas.
El trineo, aunque sobrecargado y torpe, finalmente avanzó con dificultad.
Kereta luncur itu, walaupun terlebih muatan dan janggal, akhirnya meluncur ke hadapan.
Buck y los demás tiraron salvajemente, impulsados por una tormenta de latigazos.
Buck dan yang lain menarik dengan liar, didorong oleh ribut cambuk.
Cien metros más adelante, el sendero se curvaba y descendía hacia la calle.
Seratus ela di hadapan, laluan itu melengkung dan mencerun ke jalan.

Se hubiera necesitado un conductor habilidoso para mantener el trineo en posición vertical.
Ia akan memerlukan pemandu yang mahir untuk memastikan kereta luncur itu tegak.

Hal no era hábil y el trineo se volcó al girar en la curva.
Hal tidak mahir, dan kereta luncur itu terhuyung semasa ia berayun di selekoh.

Las ataduras sueltas cedieron y la mitad de la carga se derramó sobre la nieve.
Sebatan yang longgar memberi laluan, dan separuh beban tumpah ke salji.

Los perros no se detuvieron; el trineo, más ligero, siguió volando de lado.
Anjing-anjing itu tidak berhenti; kereta luncur pemetik api itu terbang di sisinya.

Enojados por el abuso y la pesada carga, los perros corrieron más rápido.
Marah kerana penderaan dan beban yang berat, anjing-anjing itu berlari lebih cepat.

Buck, furioso, echó a correr, con el equipo siguiéndolo detrás.
Buck, dalam kemarahan, menceroboh lari, dengan pasukan mengikuti di belakang.

Hal gritó "¡Guau! ¡Guau!", pero el equipo no le hizo caso.
Hal menjerit "Whoa! Whoa!" tetapi pasukan itu tidak mempedulikannya.

Tropezó, cayó y fue arrastrado por el suelo por el arnés.
Dia tersandung, jatuh, dan diseret ke tanah oleh abah.

El trineo volcado saltó sobre él mientras los perros corrían delante.
Kereta luncur yang terbalik itu terlanggarnya ketika anjing-anjing itu berlumba di hadapan.

El resto de los suministros se dispersaron por la concurrida calle de Skaguay.
Selebihnya bekalan bertaburan di seberang jalan Skaguay yang sibuk.

La gente bondadosa se apresuró a detener a los perros y recoger el equipo.
Orang yang baik hati bergegas untuk menghentikan anjing dan mengumpulkan peralatan.

También dieron consejos, contundentes y prácticos, a los nuevos viajeros.
Mereka juga memberi nasihat, terus terang dan praktikal, kepada pengembara baru.

"Si quieres llegar a Dawson, lleva la mitad de la carga y el doble de perros".
"Jika anda ingin mencapai Dawson, ambil separuh beban dan gandakan anjing."

Hal, Charles y Mercedes escucharon, aunque no con entusiasmo.
Hal, Charles, dan Mercedes mendengar, walaupun tidak dengan semangat.

Instalaron su tienda de campaña y comenzaron a clasificar sus suministros.
Mereka mendirikan khemah dan mula menyusun bekalan mereka.

Salieron alimentos enlatados, lo que hizo reír a carcajadas a los espectadores.
Keluar barangan dalam tin, yang membuat penonton ketawa kuat.

"¿Enlatado en el camino? Te morirás de hambre antes de que se derrita", dijo uno.
"Bahan tin di laluan itu? Anda akan kelaparan sebelum ia cair," kata seorang.

¿Mantas de hotel? Mejor tíralas todas.
"Selimut hotel? Lebih baik awak buang semuanya."

"Si también deshazte de la tienda de campaña, aquí nadie lava los platos".
"Buang khemah juga, dan tiada siapa yang membasuh pinggan di sini."

¿Crees que estás viajando en un tren Pullman con sirvientes a bordo?

"Anda fikir anda menaiki kereta api Pullman dengan pelayan di dalamnya?"

El proceso comenzó: todos los objetos inútiles fueron arrojados a un lado.

Proses itu bermula—setiap barang yang tidak berguna dicampak ke tepi.

Mercedes lloró cuando sus maletas fueron vaciadas en el suelo nevado.

Mercedes menangis apabila begnya dikosongkan ke tanah bersalji.

Ella sollozaba por cada objeto que tiraba, uno por uno, sin pausa.

Dia menangis teresak-esak melihat setiap barang yang dibuang, satu persatu tanpa jeda.

Ella juró no dar un paso más, ni siquiera por diez Charleses.

Dia berikrar untuk tidak pergi satu langkah lagi—walaupun untuk sepuluh orang Charles.

Ella le rogó a cada persona cercana que le permitiera conservar sus cosas preciosas.

Dia merayu setiap orang yang berdekatan untuk membiarkan dia menyimpan barang berharganya.

Por último, se secó los ojos y comenzó a arrojar incluso la ropa más importante.

Akhirnya, dia mengesat matanya dan mula melemparkan pakaian yang penting.

Cuando terminó con los suyos, comenzó a vaciar los suministros de los hombres.

Apabila selesai dengan sendiri, dia mula mengosongkan bekalan lelaki.

Como un torbellino, destrozó las pertenencias de Charles y Hal.

Seperti angin puyuh, dia mengoyakkan harta benda Charles dan Hal.

Aunque la carga se redujo a la mitad, todavía era mucho más pesada de lo necesario.

Walaupun beban dikurangkan separuh, ia masih jauh lebih berat daripada yang diperlukan.

Esa noche, Charles y Hal salieron y compraron seis perros nuevos.
Malam itu, Charles dan Hal keluar dan membeli enam ekor anjing baharu.

Estos nuevos perros se unieron a los seis originales, además de Teek y Koona.
Anjing baharu ini menyertai enam yang asal, ditambah dengan Teek dan Koona.

Juntos formaron un equipo de catorce perros enganchados al trineo.
Bersama-sama mereka membuat sepasukan empat belas ekor anjing diikat pada kereta luncur.

Pero los nuevos perros no eran aptos y estaban mal entrenados para el trabajo con trineos.
Tetapi anjing baru itu tidak sihat dan kurang terlatih untuk kerja kereta luncur.

Tres de los perros eran pointers de pelo corto y uno era un Terranova.
Tiga daripada anjing itu adalah penunjuk berambut pendek, dan satu adalah Newfoundland.

Los dos últimos perros eran mestizos, sin ninguna raza ni propósito claros.
Dua anjing terakhir adalah anjing kambing yang tidak mempunyai baka atau tujuan yang jelas sama sekali.

No entendieron el camino y no lo aprendieron rápidamente.
Mereka tidak memahami jejak itu, dan mereka tidak mempelajarinya dengan cepat.

Buck y sus compañeros los miraron con desprecio y profunda irritación.
Buck dan rakan-rakannya memerhati mereka dengan cemuhan dan kerengsaan yang mendalam.

Aunque Buck les enseñó lo que no debían hacer, no podía enseñarles cuál era el deber.
Walaupun Buck mengajar mereka apa yang tidak boleh dilakukan, dia tidak boleh mengajar tugas.

No se adaptaron bien a la vida en senderos ni al tirón de las riendas y los trineos.

Mereka tidak pandai menjejaki kehidupan atau tarikan tampuk dan kereta luncur.

Sólo los mestizos intentaron adaptarse, e incluso a ellos les faltó espíritu de lucha.

Hanya kacukan yang cuba menyesuaikan diri, malah mereka tidak mempunyai semangat juang.

Los demás perros estaban confundidos, debilitados y destrozados por su nueva vida.

Anjing-anjing lain keliru, lemah, dan rosak dengan kehidupan baru mereka.

Con los nuevos perros desorientados y los viejos exhaustos, la esperanza era escasa.

Dengan anjing baru yang tidak tahu dan yang lama kehabisan, harapan menjadi tipis.

El equipo de Buck había recorrido dos mil quinientas millas de senderos difíciles.

Pasukan Buck telah menempuh dua puluh lima ratus batu dari laluan yang keras.

Aún así, los dos hombres estaban alegres y orgullosos de su gran equipo de perros.

Namun, kedua-dua lelaki itu ceria dan bangga dengan pasukan anjing besar mereka.

Creían que viajaban con estilo, con catorce perros enganchados.

Mereka menyangka mereka mengembara dengan bergaya, dengan empat belas ekor anjing diikat.

Habían visto trineos partir hacia Dawson y otros llegar desde allí.

Mereka telah melihat kereta luncur pergi ke Dawson, dan yang lain tiba darinya.

Pero nunca habían visto uno tirado por tantos catorce perros.

Tetapi mereka tidak pernah melihat seekor ditarik oleh sebanyak empat belas ekor anjing.

Había una razón por la que equipos como ese eran raros en el desierto del Ártico.

Terdapat sebab pasukan seperti itu jarang berlaku di padang gurun Artik.

Ningún trineo podría transportar suficiente comida para alimentar a catorce perros durante el viaje.
Tiada kereta luncur boleh membawa makanan yang cukup untuk memberi makan kepada empat belas anjing untuk perjalanan itu.
Pero Charles y Hal no lo sabían: habían hecho los cálculos.
Tetapi Charles dan Hal tidak tahu itu—mereka telah membuat pengiraan.
Planificaron la comida: tanta cantidad por perro, tantos días, y listo.
Mereka menulis makanan: begitu banyak setiap anjing, begitu banyak hari, selesai.
Mercedes miró sus figuras y asintió como si tuviera sentido.
Mercedes memandang susuk tubuh mereka dan mengangguk seolah-olah masuk akal.
Todo le parecía muy sencillo, al menos en el papel.
Semuanya kelihatan sangat mudah baginya, sekurang-kurangnya di atas kertas.

A la mañana siguiente, Buck guió al equipo lentamente por la calle nevada.
Keesokan paginya, Buck mengetuai pasukan perlahan-lahan mendaki jalan bersalji.
No había energía ni espíritu en él ni en los perros detrás de él.
Tiada tenaga atau semangat dalam dirinya atau anjing di belakangnya.
Estaban muertos de cansancio desde el principio: no les quedaban reservas.
Mereka sudah letih sejak awal—tiada simpanan yang tinggal.
Buck ya había hecho cuatro viajes entre Salt Water y Dawson.
Buck sudah membuat empat perjalanan antara Air Garam dan Dawson.
Ahora, enfrentado nuevamente el mismo desafío, no sentía nada más que amargura.

Kini, berhadapan dengan jejak yang sama sekali lagi, dia tidak merasakan apa-apa selain kepahitan.
Su corazón no estaba en ello, ni tampoco el corazón de los otros perros.
Hatinya tidak ada di dalamnya, begitu juga hati anjing-anjing lain.
Los nuevos perros eran tímidos y los huskies carecían de confianza.
Anjing-anjing baru itu pemalu, dan huskies tidak mempunyai kepercayaan.
Buck sintió que no podía confiar en estos dos hombres ni en su hermana.
Buck merasakan dia tidak boleh bergantung pada dua lelaki ini atau adik perempuan mereka.
No sabían nada y no mostraron señales de aprender en el camino.
Mereka tidak tahu apa-apa dan tidak menunjukkan tanda-tanda pembelajaran di laluan itu.
Estaban desorganizados y carecían de cualquier sentido de disciplina.
Mereka tidak teratur dan tidak mempunyai disiplin.
Les tomó media noche montar un campamento descuidado cada vez.
Mereka mengambil masa setengah malam untuk menubuhkan kem yang tidak kemas setiap kali.
Y la mitad de la mañana siguiente la pasaron otra vez jugueteando con el trineo.
Dan separuh keesokan harinya mereka menghabiskan masa meraba-raba dengan kereta luncur itu lagi.
Al mediodía, a menudo se detenían simplemente para arreglar la carga desigual.
Menjelang tengah hari, mereka sering berhenti hanya untuk membetulkan beban yang tidak sekata.
Algunos días, viajaron menos de diez millas en total.
Pada beberapa hari, mereka mengembara kurang daripada sepuluh batu secara keseluruhan.
Otros días ni siquiera conseguían salir del campamento.

Hari-hari lain, mereka tidak berjaya meninggalkan kem langsung.
Nunca llegaron a cubrir la distancia alimentaria planificada.
Mereka tidak pernah mendekati jarak makanan yang dirancang.
Como era de esperar, muy rápidamente se quedaron sin comida para los perros.
Seperti yang dijangkakan, mereka kehabisan makanan untuk anjing dengan cepat.
Empeoró las cosas sobrealimentándolos en los primeros días.
Mereka memburukkan keadaan dengan memberi makan berlebihan pada hari-hari awal.
Esto acercaba la hambruna con cada ración descuidada.
Ini membawa kebuluran lebih dekat dengan setiap catuan cuai.
Los nuevos perros no habían aprendido a sobrevivir con muy poco.
Anjing-anjing baru itu tidak belajar untuk terus hidup dengan sangat sedikit.
Comieron con hambre, con apetitos demasiado grandes para el camino.
Mereka makan dengan kelaparan, dengan selera yang terlalu besar untuk laluan itu.
Al ver que los perros se debilitaban, Hal creyó que la comida no era suficiente.
Melihat anjing-anjing itu lemah, Hal percaya makanan itu tidak mencukupi.
Duplicó las raciones, empeorando aún más el error.
Dia menggandakan catuan, menjadikan kesilapan itu lebih teruk.
Mercedes añadió más problemas con lágrimas y suaves súplicas.
Mercedes menambah masalah dengan air mata dan rayuan lembut.
Cuando no pudo convencer a Hal, alimentó a los perros en secreto.

Apabila dia tidak dapat meyakinkan Hal, dia memberi makan anjing secara rahsia.

Ella robó de los sacos de pescado y se lo dio a sus espaldas.

Dia mencuri dari karung ikan dan memberikannya kepada mereka di belakangnya.

Pero lo que los perros realmente necesitaban no era más comida: era descanso.

Tetapi apa yang benar-benar diperlukan oleh anjing-anjing itu bukanlah lebih banyak makanan — ia adalah rehat.

Iban a poca velocidad, pero el pesado trineo aún seguía avanzando.

Mereka membuat masa yang sukar, tetapi kereta luncur yang berat masih berlarutan.

Ese peso solo les quitaba las fuerzas que les quedaban cada día.

Berat itu sahaja menghabiskan sisa kekuatan mereka setiap hari.

Luego vino la etapa de desalimentación ya que los suministros escasearon.

Kemudian datang peringkat kurang makan kerana bekalan semakin berkurangan.

Una mañana, Hal se dio cuenta de que la mitad de la comida para perros ya había desaparecido.

Hal menyedari pada suatu pagi bahawa separuh makanan anjing sudah hilang.

Sólo habían recorrido una cuarta parte de la distancia total del recorrido.

Mereka hanya menempuh satu perempat daripada jumlah jarak jejak.

No se podía comprar más comida por ningún precio que se ofreciera.

Tiada lagi makanan boleh dibeli, tidak kira berapa harga yang ditawarkan.

Redujo las raciones de los perros por debajo de la ración diaria estándar.

Dia mengurangkan bahagian anjing di bawah catuan harian standard.

Al mismo tiempo, exigió viajes más largos para compensar las pérdidas.
Pada masa yang sama, dia menuntut perjalanan yang lebih lama untuk menebus kerugian.

Mercedes y Carlos apoyaron este plan, pero fracasaron en su ejecución.
Mercedes dan Charles menyokong rancangan ini, tetapi gagal dalam pelaksanaan.

Su pesado trineo y su falta de habilidad hicieron que el avance fuera casi imposible.
Kereta luncur mereka yang berat dan kekurangan kemahiran membuat kemajuan hampir mustahil.

Era fácil dar menos comida, pero imposible forzar más esfuerzo.
Adalah mudah untuk memberi lebih sedikit makanan, tetapi mustahil untuk memaksa lebih banyak usaha.

No podían salir temprano ni tampoco viajar horas extras.
Mereka tidak boleh mula awal, dan mereka juga tidak boleh melakukan perjalanan untuk waktu tambahan.

No sabían cómo trabajar con los perros, ni tampoco ellos mismos.
Mereka tidak tahu bagaimana untuk bekerja dengan anjing, mahupun diri mereka sendiri, dalam hal ini.

El primer perro que murió fue Dub, el desafortunado pero trabajador ladrón.
Anjing pertama yang mati ialah Dub, pencuri yang malang tetapi rajin.

Aunque a menudo lo castigaban, Dub había hecho su parte sin quejarse.
Walaupun sering dihukum, Dub telah menarik berat badannya tanpa aduan.

Su hombro lesionado empeoró sin cuidados ni necesidad de descanso.
Bahunya yang cedera bertambah teruk tanpa penjagaan atau memerlukan rehat.

Finalmente, Hal usó el revólver para acabar con el sufrimiento de Dub.

Akhirnya, Hal menggunakan revolver untuk menamatkan penderitaan Dub.

Un dicho común afirma que los perros normales mueren con raciones para perros esquimales.

Pepatah biasa mendakwa bahawa anjing biasa mati dengan makanan serak.

Los seis nuevos compañeros de Buck tenían sólo la mitad de la porción de comida del husky.

Enam teman baru Buck hanya mempunyai separuh bahagian makanan husky.

Primero murió el Terranova y después los tres bracos de pelo corto.

Newfoundland mati dahulu, kemudian tiga penunjuk berambut pendek.

Los dos mestizos resistieron más tiempo pero finalmente perecieron como el resto.

Dua kacukan itu bertahan lebih lama tetapi akhirnya mati seperti yang lain.

Para entonces, todas las comodidades y la dulzura de Southland habían desaparecido.

Pada masa ini, semua kemudahan dan kelembutan Southland telah hilang.

Las tres personas habían perdido los últimos vestigios de su educación civilizada.

Ketiga-tiga orang itu telah menumpahkan jejak terakhir didikan mereka yang beradab.

Despojado de glamour y romance, el viaje al Ártico se volvió brutalmente real.

Dilucutkan glamor dan percintaan, perjalanan Artik menjadi nyata dengan kejam.

Era una realidad demasiado dura para su sentido de masculinidad y feminidad.

Ia adalah realiti yang terlalu keras untuk rasa lelaki dan wanita mereka.

Mercedes ya no lloraba por los perros, ahora lloraba sólo por ella misma.

Mercedes tidak lagi menangis untuk anjing, tetapi kini hanya menangis untuk dirinya sendiri.

Pasó su tiempo llorando y peleando con Hal y Charles.

Dia menghabiskan masanya dengan menangis dan bertengkar dengan Hal dan Charles.

Pelear era lo único que nunca estaban demasiado cansados para hacer.

Bergaduh adalah satu perkara yang mereka tidak pernah jemu untuk lakukan.

Su irritabilidad surgió de la miseria, creció con ella y la superó.

Kejengkelan mereka datang dari kesengsaraan, berkembang bersamanya, dan mengatasinya.

La paciencia del camino, conocida por quienes trabajan y sufren con bondad, nunca llegó.

Kesabaran jejak, yang diketahui oleh mereka yang bersusah payah dan menderita dengan baik, tidak pernah datang.

Esa paciencia que conserva dulce la palabra a pesar del dolor les era desconocida.

Kesabaran itu, yang membuat ucapan manis melalui kesakitan, tidak diketahui oleh mereka.

No tenían ni un ápice de paciencia ni la fuerza que suponía sufrir con gracia.

Mereka tidak mempunyai sedikit pun kesabaran, tidak ada kekuatan yang diperoleh daripada penderitaan dengan rahmat.

Estaban rígidos por el dolor: les dolían los músculos, los huesos y el corazón.

Mereka kaku dengan kesakitan—sakit pada otot, tulang, dan jantung mereka.

Por eso se volvieron afilados de lengua y rápidos para usar palabras ásperas.

Kerana itu, mereka menjadi tajam lidah dan cepat dengan kata-kata yang kasar.

Cada día comenzaba y terminaba con voces enojadas y amargas quejas.

Setiap hari bermula dan berakhir dengan suara marah dan keluhan pahit.

Charles y Hal discutían cada vez que Mercedes les daba una oportunidad.

Charles dan Hal bergaduh setiap kali Mercedes memberi mereka peluang.

Cada hombre creía que hacía más de lo que le correspondía en el trabajo.

Setiap lelaki percaya dia melakukan lebih daripada bahagian kerjanya yang saksama.

Ninguno de los dos perdió la oportunidad de decirlo una y otra vez.

Kedua-duanya tidak pernah melepaskan peluang untuk berkata demikian, lagi dan lagi.

A veces Mercedes se ponía del lado de Charles, a veces del lado de Hal.

Kadang-kadang Mercedes berpihak kepada Charles, kadang-kadang dengan Hal.

Esto dio lugar a una gran e interminable disputa entre los tres.

Ini membawa kepada pertengkaran besar dan tidak berkesudahan di antara mereka bertiga.

Una disputa sobre quién debería cortar leña se salió de control.

Pertikaian mengenai siapa yang harus memotong kayu api semakin tidak terkawal.

Pronto se nombraron padres, madres, primos y parientes muertos.

Tidak lama kemudian, bapa, ibu, sepupu, dan saudara mara yang telah meninggal dinamakan.

Las opiniones de Hal sobre el arte o las obras de su tío se convirtieron en parte de la pelea.

Pandangan Hal tentang seni atau drama bapa saudaranya menjadi sebahagian daripada perjuangan.

Las creencias políticas de Charles también entraron en el debate.

Kepercayaan politik Charles juga memasuki perdebatan.

Para Mercedes, incluso los chismes de la hermana de su marido parecían relevantes.
Bagi Mercedes, gosip kakak suaminya pun nampak relevan.
Ella expresó sus opiniones sobre eso y sobre muchos de los defectos de la familia de Charles.
Dia menyiarkan pendapat tentang itu dan tentang banyak kelemahan keluarga Charles.
Mientras discutían, el fuego permaneció apagado y el campamento medio montado.
Semasa mereka bertengkar, api tetap tidak menyala dan kem separuh padam.
Mientras tanto, los perros permanecieron fríos y sin comida.
Sementara itu, anjing-anjing itu tetap sejuk dan tanpa sebarang makanan.
Mercedes tenía un motivo de queja que consideraba profundamente personal.
Mercedes menahan rungutan yang dia anggap sangat peribadi.
Se sintió maltratada como mujer, negándole sus privilegios de gentileza.
Dia merasa dianiaya sebagai seorang wanita, menafikan keistimewaannya yang lembut.
Ella era bonita y dulce, y acostumbrada a la caballerosidad toda su vida.
Dia cantik dan lembut, dan biasa bersopan santun sepanjang hidupnya.
Pero su marido y su hermano ahora la trataban con impaciencia.
Tetapi suami dan abangnya kini melayannya dengan tidak sabar.
Su costumbre era actuar con impotencia y comenzaron a quejarse.
Kebiasaannya adalah bertindak tidak berdaya, dan mereka mula mengeluh.
Ofendida por esto, les hizo la vida aún más difícil.
Tersinggung dengan perkara ini, dia membuat hidup mereka lebih sukar.

Ella ignoró a los perros e insistió en montar ella misma el trineo.
Dia tidak mengendahkan anjing-anjing itu dan berkeras untuk menaiki kereta luncur itu sendiri.
Aunque parecía ligera de aspecto, pesaba ciento veinte libras.
Walaupun kelihatan ringan, beratnya seratus dua puluh paun.
Esa carga adicional era demasiado para los perros hambrientos y débiles.
Beban tambahan itu terlalu berat untuk anjing yang kelaparan dan lemah.
Aún así, ella cabalgó durante días, hasta que los perros se desplomaron en las riendas.
Namun, dia menunggang selama berhari-hari, sehingga anjing-anjing itu rebah di kekang.
El trineo se detuvo y Charles y Hal le rogaron que caminara.
Kereta luncur itu berhenti, dan Charles dan Hal merayunya untuk berjalan.
Ellos suplicaron y rogaron, pero ella lloró y los llamó crueles.
Mereka merayu dan merayu, tetapi dia menangis dan menyebut mereka kejam.
En una ocasión la sacaron del trineo con pura fuerza y enojo.
Pada satu ketika, mereka menariknya dari kereta luncur dengan kuat dan marah.
Nunca volvieron a intentarlo después de lo que pasó aquella vez.
Mereka tidak pernah mencuba lagi selepas apa yang berlaku pada masa itu.
Ella se quedó flácida como un niño mimado y se sentó en la nieve.
Dia menjadi lemas seperti kanak-kanak yang manja dan duduk di dalam salji.
Ellos siguieron adelante, pero ella se negó a levantarse o seguirlos.
Mereka meneruskan, tetapi dia enggan bangkit atau mengikut di belakang.

Después de tres millas, se detuvieron, regresaron y la llevaron de regreso.
Selepas tiga batu, mereka berhenti, kembali, dan membawanya kembali.
La volvieron a cargar en el trineo, nuevamente usando la fuerza bruta.
Mereka memuatkannya semula ke atas kereta luncur, sekali lagi menggunakan kekuatan kasar.
En su profunda miseria, fueron insensibles al sufrimiento de los perros.
Dalam kesengsaraan mereka yang mendalam, mereka tidak berperasaan terhadap penderitaan anjing-anjing itu.
Hal creía que uno debía endurecerse y forzar esa creencia a los demás.
Hal percaya seseorang mesti menjadi keras dan memaksa kepercayaan itu kepada orang lain.
Primero intentó predicar su filosofía a su hermana.
Dia mula-mula cuba menyampaikan falsafahnya kepada kakaknya
y luego, sin éxito, le predicó a su cuñado.
dan kemudian, tanpa kejayaan, dia berdakwah kepada abang iparnya.
Tuvo más éxito con los perros, pero sólo porque los lastimaba.
Dia lebih berjaya dengan anjing itu, tetapi hanya kerana dia menyakiti mereka.
En Five Fingers, la comida para perros se quedó completamente sin comida.
Pada Five Fingers, makanan anjing kehabisan makanan sepenuhnya.
Una vieja india desdentada vendió unas cuantas libras de cuero de caballo congelado
Seekor kambing tua yang tidak bertaring menjual beberapa paun kulit kuda beku
Hal cambió su revólver por la piel de caballo seca.
Hal menukar pistolnya dengan kulit kuda kering.

La carne había procedido de caballos hambrientos de ganaderos meses antes.
Daging itu berasal dari kuda-kuda lembu yang kelaparan beberapa bulan sebelumnya.

Congelada, la piel era como hierro galvanizado: dura y incomestible.
Beku, kulitnya seperti besi tergalvani; keras dan tidak boleh dimakan.

Los perros tenían que masticar sin parar la piel para poder comérsela.
Anjing-anjing itu terpaksa mengunyah kulitnya tanpa henti untuk memakannya.

Pero las cuerdas correosas y el pelo corto no constituían apenas alimento.
Tetapi rentetan kulit dan rambut pendek hampir tidak berkhasiat.

La mayor parte de la piel era irritante y no era alimento en ningún sentido estricto.
Kebanyakan kulit itu menjengkelkan, dan bukan makanan dalam erti kata sebenar.

Y durante todo ese tiempo, Buck se tambaleaba al frente, como en una pesadilla.
Dan melalui semua itu, Buck terhuyung-hayang di hadapan, seperti dalam mimpi ngeri.

Tiraba cuando podía, y cuando no, se quedaba tendido hasta que un látigo o un garrote lo levantaban.
Dia menarik apabila mampu; apabila tidak, dia berbaring sehingga cambuk atau kelab menaikkannya.

Su fino y brillante pelaje había perdido toda la rigidez y brillo que alguna vez tuvo.
Kotnya yang halus dan berkilat telah hilang segala kekakuan dan kilauan yang pernah ada.

Su cabello colgaba lacio, enmarañado y cubierto de sangre seca por los golpes.
Rambutnya dijuntai lemas, terseret, dan bergumpal dengan darah kering akibat pukulan itu.

Sus músculos se encogieron hasta convertirse en cuerdas y sus almohadillas de carne estaban todas desgastadas.
Otot-ototnya mengecut menjadi tali, dan pelapik dagingnya telah lusuh.
Cada costilla, cada hueso se veía claramente a través de los pliegues de la piel arrugada.
Setiap rusuk, setiap tulang menunjukkan dengan jelas melalui lipatan kulit yang berkedut.
Fue desgarrador, pero el corazón de Buck no podía romperse.
Ia menyayat hati, namun hati Buck tidak boleh hancur.
El hombre del suéter rojo lo había probado y demostrado hacía mucho tiempo.
Lelaki berbaju sejuk merah itu telah mengujinya dan membuktikannya sejak dahulu lagi.
Tal como sucedió con Buck, sucedió con el resto de sus compañeros de equipo.
Seperti yang berlaku dengan Buck, begitu juga dengan semua rakan sepasukannya yang tinggal.
Eran siete en total, cada uno de ellos un esqueleto andante de miseria.
Terdapat tujuh jumlahnya, masing-masing adalah rangka kesengsaraan yang berjalan.
Se habían vuelto insensibles a los latigazos y solo sentían un dolor distante.
Mereka telah menjadi kebas untuk sebatan, hanya merasakan kesakitan yang jauh.
Incluso la vista y el sonido les llegaban débilmente, como a través de una espesa niebla.
Malah penglihatan dan bunyi mencapai mereka samar-samar, seperti melalui kabus tebal.
No estaban ni medio vivos: eran huesos con tenues chispas en su interior.
Mereka tidak separuh hidup-mereka adalah tulang dengan percikan malap di dalamnya.
Al detenerse, se desplomaron como cadáveres y sus chispas casi desaparecieron.

Apabila berhenti, mereka rebah seperti mayat, percikan api mereka hampir hilang.

Y cuando el látigo o el garrote volvían a golpear, las chispas revoloteaban débilmente.

Dan apabila cambuk atau kayu itu melanda lagi, percikan api berkibar lemah.

Entonces se levantaron, se tambalearon hacia adelante y arrastraron sus extremidades hacia delante.

Kemudian mereka bangkit, terhuyung-hayang ke hadapan, dan menyeret anggota badan mereka ke hadapan.

Un día el amable Billee se cayó y ya no pudo levantarse.

Suatu hari Billee yang baik hati jatuh dan tidak dapat bangkit sama sekali.

Hal había cambiado su revólver, por lo que utilizó un hacha para matar a Billee.

Hal telah menukar revolvernya, jadi dia menggunakan kapak untuk membunuh Billee sebaliknya.

Lo golpeó en la cabeza, luego le cortó el cuerpo y se lo llevó arrastrado.

Dia memukul kepalanya, kemudian memotong badannya dan menyeretnya.

Buck vio esto, y también los demás; sabían que la muerte estaba cerca.

Buck melihat ini, dan begitu juga yang lain; mereka tahu kematian sudah dekat.

Al día siguiente Koona se fue, dejando sólo cinco perros en el equipo hambriento.

Keesokan harinya Koona pergi, meninggalkan hanya lima ekor anjing dalam pasukan yang kelaparan.

Joe, que ya no era malo, estaba demasiado perdido como para darse cuenta de gran cosa.

Joe, tidak lagi bermaksud, sudah terlalu jauh untuk menyedarinya sama sekali.

Pike, que ya no fingía su lesión, estaba apenas consciente.

Pike, tidak lagi memalsukan kecederaannya, hampir tidak sedarkan diri.

Solleks, todavía fiel, lamentó no tener fuerzas para dar.

Solleks, masih setia, meratapi dia tidak mempunyai kekuatan untuk diberikan.

Teek fue el que más perdió porque estaba más fresco, pero su rendimiento se estaba agotando rápidamente.

Teek paling banyak dipukul kerana dia lebih segar, tetapi cepat pudar.

Y Buck, todavía a la cabeza, ya no mantenía el orden ni lo hacía cumplir.

Dan Buck, masih mendahului, tidak lagi menjaga perintah atau menguatkuasakannya.

Medio ciego por la debilidad, Buck siguió el rastro sólo por el tacto.

Separuh buta dengan kelemahan, Buck mengikut jejak dengan berasa sendirian.

Era un hermoso clima primaveral, pero ninguno de ellos lo notó.

Ia adalah cuaca musim bunga yang indah, tetapi tiada seorang pun daripada mereka menyedarinya.

Cada día el sol salía más temprano y se ponía más tarde que el anterior.

Setiap hari matahari terbit lebih awal dan terbenam lebih lambat daripada sebelumnya.

A las tres de la mañana ya había amanecido; el crepúsculo duró hasta las nueve.

Menjelang tiga pagi, subuh telah tiba; senja berlangsung hingga sembilan.

Los largos días estuvieron llenos del resplandor del sol primaveral.

Hari-hari yang panjang dipenuhi dengan sinaran matahari musim bunga yang penuh.

El silencio fantasmal del invierno se había transformado en un cálido murmullo.

Kesunyian hantu musim sejuk telah berubah menjadi rungutan hangat.

Toda la tierra estaba despertando, viva con la alegría de los seres vivos.

Seluruh negeri terjaga, hidup dengan kegembiraan makhluk hidup.

El sonido provenía de lo que había permanecido muerto e inmóvil durante el invierno.

Bunyi itu datang dari apa yang telah mati dan masih melalui musim sejuk.

Ahora, esas cosas se movieron nuevamente, sacudiéndose el largo sueño helado.

Sekarang, perkara-perkara itu bergerak lagi, menghilangkan tidur beku yang panjang.

La savia subía a través de los oscuros troncos de los pinos que esperaban.

Sap naik melalui batang-batang gelap pokok pain yang menunggu.

Los sauces y los álamos brotan brillantes y jóvenes brotes en cada ramita.

Willow dan aspen mengeluarkan tunas muda yang terang pada setiap ranting.

Los arbustos y las enredaderas se vistieron de un verde fresco a medida que el bosque cobraba vida.

Pokok renek dan pokok anggur kelihatan hijau segar apabila hutan itu hidup.

Los grillos cantaban por la noche y los insectos se arrastraban bajo el sol del día.

Cengkerik berkicau pada waktu malam, dan pepijat merayap di bawah sinar matahari siang.

Las perdices graznaban y los pájaros carpinteros picoteaban en lo profundo de los árboles.

Ayam hutan meledak, dan burung belatuk mengetuk jauh di dalam pokok.

Las ardillas parloteaban, los pájaros cantaban y los gansos graznaban al hablarles a los perros.

Tupai berbual, burung bernyanyi, dan angsa membunyikan hon ke atas anjing.

Las aves silvestres llegaron en grupos afilados, volando desde el sur.

Unggas liar datang dalam serpihan tajam, terbang dari selatan.

De cada ladera llegaba la música de arroyos ocultos y caudalosos.

Dari setiap lereng bukit datang muzik sungai yang tersembunyi dan deras.

Todas las cosas se descongelaron y se rompieron, se doblaron y volvieron a ponerse en movimiento.

Semua benda dicairkan dan terputus, bengkok dan kembali bergerak.

El Yukón se esforzó por romper las frías cadenas del hielo congelado.

Yukon berusaha untuk memutuskan rantaian sejuk ais beku.

El hielo se derritió desde abajo, mientras que el sol lo derritió desde arriba.

Ais mencair di bawah, manakala matahari mencairkannya dari atas.

Se abrieron agujeros de aire, se abrieron grietas y algunos trozos cayeron al río.

Lubang udara terbuka, retakan merebak, dan ketulan jatuh ke dalam sungai.

En medio de toda esta vida frenética y llameante, los viajeros se tambaleaban.

Di tengah-tengah semua kehidupan yang penuh dan berkobar-kobar ini, para pengembara terhuyung-huyung.

Dos hombres, una mujer y una jauría de perros esquimales caminaban como muertos.

Dua lelaki, seorang wanita, dan sekumpulan huskies berjalan seperti orang mati.

Los perros caían, Mercedes lloraba, pero seguía montando el trineo.

Anjing-anjing itu jatuh, Mercedes menangis, tetapi masih menunggang kereta luncur.

Hal maldijo débilmente y Charles parpadeó con los ojos llorosos.

Hal mengutuk lemah, dan Charles mengedipkan matanya melalui mata yang berair.

Se toparon con el campamento de John Thornton junto a la desembocadura del río Blanco.
Mereka tersandung ke kem John Thornton dengan mulut White River.
Cuando se detuvieron, los perros cayeron al suelo, como si todos hubieran muerto.
Apabila mereka berhenti, anjing-anjing itu jatuh rata, seolah-olah semuanya mati.
Mercedes se secó las lágrimas y miró a John Thornton.
Mercedes mengesat air matanya dan memandang ke arah John Thornton.
Charles se sentó en un tronco, lenta y rígidamente, dolorido por el camino.
Charles duduk di atas kayu balak, perlahan-lahan dan kaku, sakit akibat denai.
Hal habló mientras Thornton tallaba el extremo del mango de un hacha.
Hal bercakap sambil Thornton mengukir hujung pemegang kapak.
Él tallaba madera de abedul y respondía con respuestas breves y firmes.
Dia memotong kayu birch dan menjawab dengan jawapan ringkas dan tegas.
Cuando se le preguntó, dio consejos, seguro de que no serían seguidos.
Apabila ditanya, dia memberi nasihat, pasti ia tidak akan diikuti.
Hal explicó: "Nos dijeron que el hielo del sendero se estaba desprendiendo".
Hal menjelaskan, "Mereka memberitahu kami bahawa ais jejak itu semakin berkurangan."
Dijeron que nos quedáramos allí, pero llegamos a White River.
"Mereka berkata kami harus tinggal di situ-tetapi kami berjaya sampai ke Sungai Putih."
Terminó con un tono burlón, como para proclamar la victoria en medio de las dificultades.

Dia mengakhirinya dengan nada mencemuh, seolah-olah mahu menang dalam kesusahan.

—Y te dijeron la verdad —respondió John Thornton a Hal en voz baja.

"Dan mereka memberitahu anda benar," John Thornton menjawab Hal dengan perlahan.

"El hielo puede ceder en cualquier momento; está a punto de desprenderse".

"Ais boleh hilang pada bila-bila masa—ia sedia untuk tercicir."

"Solo la suerte ciega y los tontos pudieron haber llegado tan lejos con vida".

"Hanya tuah buta dan orang bodoh yang boleh berjaya sejauh ini."

"Te lo digo directamente: no arriesgaría mi vida ni por todo el oro de Alaska".

"Saya beritahu anda terus, saya tidak akan mempertaruhkan nyawa saya untuk semua emas Alaska."

—Supongo que es porque no eres tonto —respondió Hal.

"Itu kerana awak bukan orang bodoh, saya rasa," jawab Hal.

—De todos modos, seguiremos hasta Dawson. —Desenrolló el látigo.

"Semua yang sama, kita akan pergi ke Dawson." Dia membuka pecutnya.

—¡Sube, Buck! ¡Hola! ¡Sube! ¡Vamos! —gritó con dureza.

"Bangun ke sana, Buck! Hai! Bangun! Teruskan!" dia menjerit kasar.

Thornton siguió tallando madera, sabiendo que los tontos no escucharían razones.

Thornton terus mencebik, mengetahui orang bodoh tidak akan mendengar alasan.

Detener a un tonto era inútil, y dos o tres tontos no cambiaban nada.

Untuk menghentikan orang bodoh adalah sia-sia—dan dua atau tiga orang tertipu tidak mengubah apa-apa.

Pero el equipo no se movió ante la orden de Hal.

Tetapi pasukan itu tidak bergerak apabila mendengar arahan Hal.

A estas alturas, sólo los golpes podían hacerlos levantarse y avanzar.
Pada masa ini, hanya pukulan yang boleh membuat mereka bangkit dan menarik ke hadapan.

El látigo golpeó una y otra vez a los perros debilitados.
Cambuk itu dipatahkan lagi dan lagi pada anjing-anjing yang lemah itu.

John Thornton apretó los labios con fuerza y observó en silencio.
John Thornton mengetap bibirnya rapat-rapat dan memerhati dalam diam.

Solleks fue el primero en ponerse de pie bajo el látigo.
Solleks adalah orang pertama yang merangkak berdiri di bawah bulu mata.

Entonces Teek lo siguió, temblando. Joe gritó al tambalearse.
Kemudian Teek mengikut, terketar-ketar. Joe menjerit sambil tersadung.

Pike intentó levantarse, falló dos veces y finalmente se mantuvo en pie, tambaleándose.
Pike cuba bangkit, gagal dua kali, kemudian akhirnya berdiri tidak stabil.

Pero Buck yacía donde había caído, sin moverse en absoluto este momento.
Tetapi Buck berbaring di mana dia telah jatuh, tidak bergerak pada semua masa ini.

El látigo lo golpeaba una y otra vez, pero él no emitía ningún sonido.
Cambuk itu menetaknya berulang kali, tetapi dia tidak bersuara.

Él no se inmutó ni se resistió, simplemente permaneció quieto y en silencio.
Dia tidak berganjak atau melawan, hanya diam dan diam.

Thornton se movió más de una vez, como si fuera a hablar, pero no lo hizo.

Thornton mengacau lebih daripada sekali, seolah-olah bercakap, tetapi tidak.

Sus ojos se humedecieron y el látigo siguió golpeando contra Buck.

Matanya menjadi basah, dan masih cemeti retak terhadap Buck.

Finalmente, Thornton comenzó a caminar lentamente, sin saber qué hacer.

Akhirnya, Thornton mula melangkah perlahan, tidak pasti apa yang perlu dilakukan.

Era la primera vez que Buck fallaba y Hal se puso furioso.

Ia adalah kali pertama Buck gagal, dan Hal menjadi berang.

Dejó el látigo y en su lugar tomó el pesado garrote.

Dia melemparkan cambuk dan sebaliknya mengambil kayu berat itu.

El palo de madera cayó con fuerza, pero Buck todavía no se levantó para moverse.

Kayu kayu itu jatuh dengan kuat, tetapi Buck masih tidak bangkit untuk bergerak.

Al igual que sus compañeros de equipo, era demasiado débil, pero más que eso.

Seperti rakan sepasukannya, dia terlalu lemah — tetapi lebih daripada itu.

Buck había decidido no moverse, sin importar lo que sucediera después.

Buck telah memutuskan untuk tidak bergerak, tidak kira apa yang berlaku seterusnya.

Sintió algo oscuro y seguro flotando justo delante.

Dia merasakan sesuatu yang gelap dan pasti berlegar di hadapan.

Ese miedo se apoderó de él tan pronto como llegó a la orilla del río.

Ketakutan itu telah menyerangnya sebaik sahaja dia sampai ke tebing sungai.

La sensación no lo había abandonado desde que sintió el hielo fino bajo sus patas.

Perasaan itu tidak hilang sejak dia merasakan ais nipis di bawah kakinya.

Algo terrible lo esperaba; lo sintió más allá del camino.

Sesuatu yang mengerikan sedang menunggu-dia merasakannya di bawah denai.

No iba a caminar hacia esa cosa terrible que había delante.

Dia tidak akan berjalan ke arah perkara yang mengerikan di hadapan

Él no iba a obedecer ninguna orden que lo llevara a esa cosa.

Dia tidak akan mematuhi mana-mana arahan yang membawanya ke perkara itu.

El dolor de los golpes apenas lo afectaba ahora: estaba demasiado lejos.

Kesakitan akibat pukulan itu hampir tidak menyentuhnya sekarang-dia terlalu jauh pergi.

La chispa de la vida parpadeaba débilmente y se apagaba bajo cada golpe cruel.

Percikan kehidupan berkelip rendah, malap di bawah setiap serangan kejam.

Sus extremidades se sentían distantes; su cuerpo entero parecía pertenecer a otro.

Anggota badannya terasa jauh; seluruh tubuhnya seolah-olah milik orang lain.

Sintió un extraño entumecimiento mientras el dolor desapareció por completo.

Dia merasakan kebas yang pelik apabila kesakitan itu hilang sepenuhnya.

Desde lejos, sentía que lo golpeaban, pero apenas lo sabía.

Dari jauh, dia merasakan dia dipukul, tetapi hampir tidak tahu.

Podía oír los golpes débilmente, pero ya no dolían realmente.

Dia dapat mendengar bunyi dentuman itu dengan samar-samar, tetapi ia tidak lagi menyakitkan.

Los golpes dieron en el blanco, pero su cuerpo ya no parecía el suyo.

Pukulan itu mendarat, tetapi tubuhnya tidak lagi kelihatan seperti miliknya.

Entonces, de repente y sin previo aviso, John Thornton lanzó un grito salvaje.

Kemudian tiba-tiba, tanpa amaran, John Thornton menjerit liar.

Era un grito inarticulado, más el grito de una bestia que el de un hombre.

Ia tidak jelas, lebih banyak tangisan binatang daripada manusia.

Saltó hacia el hombre con el garrote y tiró a Hal hacia atrás.

Dia melompat ke arah lelaki yang membawa kayu itu dan mengetuk Hal ke belakang.

Hal voló como si lo hubiera golpeado un árbol y aterrizó con fuerza en el suelo.

Hal terbang seolah-olah ditimpa pokok, mendarat dengan kuat di atas tanah.

Mercedes gritó en pánico y se llevó las manos a la cara.

Mercedes menjerit kuat dengan panik dan mencengkam mukanya.

Charles se limitó a mirar, se secó los ojos y permaneció sentado.

Charles hanya memandang, mengesat matanya, dan terus duduk.

Su cuerpo estaba demasiado rígido por el dolor para levantarse o ayudar en la pelea.

Badannya terlalu kaku dengan kesakitan untuk bangkit atau membantu dalam pertarungan.

Thornton se quedó de pie junto a Buck, temblando de furia, incapaz de hablar.

Thornton berdiri di atas Buck, menggeletar dengan kemarahan, tidak dapat bercakap.

Se estremeció de rabia y luchó por encontrar su voz a través de ella.

Dia bergetar dengan kemarahan dan berjuang untuk mencari suaranya melaluinya.

—Si vuelves a golpear a ese perro, te mataré —dijo finalmente.

"Jika anda menyerang anjing itu sekali lagi, saya akan membunuh anda," dia akhirnya berkata.

Hal se limpió la sangre de la boca y volvió a avanzar.

Hal mengesat darah dari mulutnya dan maju semula.

—Es mi perro —murmuró—. ¡Quítate del medio o te curaré!

"Ia anjing saya," gumamnya. "Pergi, atau saya akan baiki awak."

"Voy a Dawson y no me lo vas a impedir", añadió.

"Saya akan pergi ke Dawson, dan anda tidak menghalang saya," tambahnya.

Thornton se mantuvo firme entre Buck y el joven enojado.

Thornton berdiri teguh di antara Buck dan pemuda yang marah itu.

No tenía intención de hacerse a un lado o dejar pasar a Hal.

Dia tidak berniat untuk menyepi atau membiarkan Hal berlalu.

Hal sacó su cuchillo de caza, largo y peligroso en la mano.

Hal mengeluarkan pisau memburunya, panjang dan berbahaya di tangan.

Mercedes gritó, luego lloró y luego rió con una histeria salvaje.

Mercedes menjerit, kemudian menangis, kemudian ketawa dalam histeria liar.

Thornton golpeó la mano de Hal con el mango de su hacha, fuerte y rápido.

Thornton memukul tangan Hal dengan pemegang kapaknya, kuat dan laju.

El cuchillo se soltó del agarre de Hal y voló al suelo.

Pisau itu terlepas dari genggaman Hal dan terbang ke tanah.

Hal intentó recoger el cuchillo y Thornton volvió a golpearle los nudillos.

Hal cuba mengambil pisau, dan Thornton mengetuk buku jarinya sekali lagi.

Entonces Thornton se agachó, agarró el cuchillo y lo sostuvo.

Kemudian Thornton membongkok, meraih pisau, dan memegangnya.

Con dos rápidos golpes del mango del hacha, cortó las riendas de Buck.

Dengan dua potong cepat pemegang kapak, dia memotong kekang Buck.

Hal ya no tenía fuerzas para luchar y se apartó del perro.

Hal tidak mempunyai pergaduhan lagi dan berundur dari anjing itu.

Además, Mercedes necesitaba ahora ambos brazos para mantenerse erguida.

Selain itu, Mercedes memerlukan kedua-dua lengan sekarang untuk memastikan dia tegak.

Buck estaba demasiado cerca de la muerte como para volver a ser útil para tirar de un trineo.

Buck terlalu hampir mati untuk digunakan untuk menarik kereta luncur lagi.

Unos minutos después, se marcharon y se dirigieron río abajo.

Beberapa minit kemudian, mereka menarik diri, menuju ke sungai.

Buck levantó la cabeza débilmente y los observó mientras salían del banco.

Buck mengangkat kepalanya lemah dan melihat mereka meninggalkan bank.

Pike lideró el equipo, con Solleks en la parte trasera, al volante.

Pike mengetuai pasukan, dengan Solleks di belakang di tempat roda.

Joe y Teek caminaron entre ellos, ambos cojeando por el cansancio.

Joe dan Teek berjalan di antara, kedua-duanya terpincang-pincang kerana keletihan.

Mercedes se sentó en el trineo y Hal agarró el largo palo.

Mercedes duduk di atas kereta luncur, dan Hal mencengkam tiang gee yang panjang.

Charles se tambaleó detrás, sus pasos torpes e inseguros.

Charles tersadung di belakang, langkahnya kekok dan tidak menentu.
Thornton se arrodilló junto a Buck y buscó con delicadeza los huesos rotos.
Thornton berlutut di sisi Buck dan perlahan-lahan meraba tulang yang patah.
Sus manos eran ásperas pero se movían con amabilidad y cuidado.
Tangannya kasar tetapi digerakkan dengan baik dan berhati-hati.
El cuerpo de Buck estaba magullado pero no mostraba lesiones duraderas.
Badan Buck lebam tetapi tidak menunjukkan kecederaan berpanjangan.
Lo que quedó fue un hambre terrible y una debilidad casi total.
Apa yang tinggal adalah kelaparan yang teruk dan hampir keseluruhan kelemahan.
Cuando esto quedó claro, el trineo ya había avanzado mucho río abajo.
Pada masa ini jelas, kereta luncur telah pergi jauh ke hilir sungai.
El hombre y el perro observaron cómo el trineo se deslizaba lentamente sobre el hielo agrietado.
Lelaki dan anjing melihat kereta luncur itu perlahan-lahan merangkak di atas ais yang retak.
Luego vieron que el trineo se hundía en un hueco.
Kemudian, mereka melihat kereta luncur itu tenggelam ke dalam lubang.
El mástil voló hacia arriba, con Hal todavía aferrándose a él en vano.
Kutub gee terbang ke atas, dengan Hal masih berpaut padanya dengan sia-sia.
El grito de Mercedes les llegó a través de la fría distancia.
Jeritan Mercedes mencapai mereka merentasi jarak yang sejuk.
Charles se giró y dio un paso atrás, pero ya era demasiado tarde.

Charles berpaling dan melangkah ke belakang—tetapi dia sudah terlambat.

Una capa de hielo entera cedió y todos ellos cayeron al suelo.
Seluruh kepingan ais memberi laluan, dan mereka semua jatuh.

Los perros, los trineos y las personas desaparecieron en el agua negra que había debajo.
Anjing, kereta luncur, dan manusia lenyap ke dalam air hitam di bawah.

En el hielo por donde habían pasado sólo quedaba un amplio agujero.
Hanya lubang besar di dalam ais yang tinggal di tempat mereka lalui.

El sendero se había hundido por completo, tal como Thornton había advertido.
Bahagian bawah laluan telah tercicir—sama seperti yang Thornton amaran.

Thornton y Buck se miraron el uno al otro y guardaron silencio por un momento.
Thornton dan Buck memandang antara satu sama lain, senyap seketika.

—Pobre diablo—dijo Thornton suavemente, y Buck le lamió la mano.
"Kamu syaitan yang malang," kata Thornton lembut, dan Buck menjilat tangannya.

Por el amor de un hombre
Demi Cinta Seorang Lelaki

John Thornton se congeló los pies en el frío del diciembre anterior.
John Thornton membekukan kakinya dalam kesejukan Disember sebelumnya.

Sus compañeros lo hicieron sentir cómodo y lo dejaron recuperarse solo.
Rakan kongsinya membuatkan dia selesa dan meninggalkannya untuk pulih sendirian.

Subieron al río para recoger una balsa de troncos para aserrar para Dawson.
Mereka pergi ke sungai untuk mengumpulkan rakit gergaji kayu untuk Dawson.

Todavía cojeaba ligeramente cuando rescató a Buck de la muerte.
Dia masih terhincut-hincut sedikit ketika menyelamatkan Buck dari kematian.

Pero como el clima cálido continuó, incluso esa cojera desapareció.
Tetapi dengan cuaca panas berterusan, walaupun lemas itu hilang.

Durante los largos días de primavera, Buck descansaba a orillas del río.
Berbaring di tepi sungai semasa musim bunga yang panjang, Buck berehat.

Observó el agua fluir y escuchó a los pájaros y a los insectos.
Dia melihat air yang mengalir dan mendengar burung dan serangga.

Lentamente, Buck recuperó su fuerza bajo el sol y el cielo.
Perlahan-lahan, Buck mendapatkan semula kekuatannya di bawah matahari dan langit.

Un descanso fue maravilloso después de viajar tres mil millas.
Rehat terasa indah selepas menempuh jarak tiga ribu batu.

Buck se volvió perezoso a medida que sus heridas sanaban y su cuerpo se llenaba.
Buck menjadi malas kerana lukanya sembuh dan badannya dipenuhi.

Sus músculos se reafirmaron y la carne volvió a cubrir sus huesos.
Otot-ototnya menjadi tegang, dan daging kembali menutupi tulangnya.

Todos estaban descansando: Buck, Thornton, Skeet y Nig.
Mereka semua sedang berehat—Buck, Thornton, Skeet, dan Nig.

Esperaron la balsa que los llevaría a Dawson.
Mereka menunggu rakit yang akan membawa mereka turun ke Dawson.

Skeet era un pequeño setter irlandés que se hizo amigo de Buck.
Skeet ialah seorang setter Ireland kecil yang berkawan dengan Buck.

Buck estaba demasiado débil y enfermo para resistirse a ella en su primer encuentro.
Buck terlalu lemah dan sakit untuk menentangnya pada pertemuan pertama mereka.

Skeet tenía el rasgo de sanador que algunos perros poseen naturalmente.
Skeet mempunyai sifat penyembuh yang dimiliki oleh sesetengah anjing secara semula jadi.

Como una gata madre, lamió y limpió las heridas abiertas de Buck.
Seperti ibu kucing, dia menjilat dan membersihkan luka mentah Buck.

Todas las mañanas, después del desayuno, repetía su minucioso trabajo.
Setiap pagi selepas sarapan, dia mengulangi kerja berhati-hatinya.

Buck llegó a esperar su ayuda tanto como la de Thornton.
Buck datang mengharapkan bantuannya sama seperti yang dia lakukan Thornton.

Nig también era amigable, pero menos abierto y menos cariñoso.
Nig juga peramah, tetapi kurang terbuka dan kurang penyayang.
Nig era un perro grande y negro, mitad sabueso y mitad lebrel.
Nig ialah seekor anjing hitam besar, sebahagian anjing berdarah dan sebahagian anjing hutan.
Tenía ojos sonrientes y un espíritu bondadoso sin límites.
Dia mempunyai mata ketawa dan sifat baik yang tidak berkesudahan dalam semangatnya.
Para sorpresa de Buck, ninguno de los perros mostró celos hacia él.
Yang mengejutkan Buck, tidak ada anjing yang menunjukkan rasa cemburu kepadanya.
Tanto Skeet como Nig compartieron la amabilidad de John Thornton.
Kedua-dua Skeet dan Nig berkongsi kebaikan John Thornton.
A medida que Buck se hacía más fuerte, lo atrajeron hacia juegos de perros tontos.
Apabila Buck semakin kuat, mereka memikatnya ke dalam permainan anjing yang bodoh.
Thornton también jugaba a menudo con ellos, incapaz de resistirse a su alegría.
Thornton sering bermain dengan mereka juga, tidak dapat menahan kegembiraan mereka.
De esta manera lúdica, Buck pasó de la enfermedad a una nueva vida.
Dengan cara yang suka bermain ini, Buck berpindah dari sakit ke kehidupan baru.
El amor, el amor verdadero, ardiente y apasionado, finalmente era suyo.
Cinta—cinta sejati, membara, dan penuh ghairah— akhirnya menjadi miliknya.
Nunca había conocido ese tipo de amor en la finca de Miller.
Dia tidak pernah mengenali cinta seperti ini di estet Miller.
Con los hijos del Juez había compartido trabajo y aventuras.

Dengan anak lelaki Hakim, dia telah berkongsi kerja dan pengembaraan.
En los nietos vio un orgullo rígido y jactancioso.
Dengan cucu-cucunya, dia melihat kebanggaan yang kaku dan bermegah-megah.
Con el propio juez Miller mantuvo una amistad respetuosa.
Dengan Hakim Miller sendiri, dia mempunyai persahabatan yang dihormati.
Pero el amor que era fuego, locura y adoración llegó con Thornton.
Tetapi cinta yang merupakan api, kegilaan, dan penyembahan datang bersama Thornton.
Este hombre había salvado la vida de Buck, y eso solo significaba mucho.
Lelaki ini telah menyelamatkan nyawa Buck, dan itu sahaja bermakna.
Pero más que eso, John Thornton era el tipo de maestro ideal.
Tetapi lebih daripada itu, John Thornton adalah jenis tuan yang ideal.
Otros hombres cuidaban perros por obligación o necesidad laboral.
Lelaki lain menjaga anjing di luar tugas atau keperluan perniagaan.
John Thornton cuidaba a sus perros como si fueran sus hijos.
John Thornton menjaga anjingnya seolah-olah mereka adalah anak-anaknya.
Él se preocupaba por ellos porque los amaba y simplemente no podía evitarlo.
Dia mengambil berat terhadap mereka kerana dia mengasihi mereka dan tidak dapat menahannya.
John Thornton vio incluso más lejos de lo que la mayoría de los hombres lograron ver.
John Thornton melihat lebih jauh daripada yang pernah dilihat oleh kebanyakan lelaki.
Nunca se olvidó de saludarlos amablemente o decirles alguna palabra de aliento.

Dia tidak pernah lupa untuk menyapa mereka dengan baik atau mengucapkan kata-kata yang bersorak.

Le encantaba sentarse con los perros para tener largas charlas, o "gases", como él decía.

Dia suka duduk dengan anjing-anjing itu untuk bercakap panjang, atau "bergas," seperti yang dia katakan.

Le gustaba agarrar bruscamente la cabeza de Buck entre sus fuertes manos.

Dia suka memegang kepala Buck dengan kasar di antara tangannya yang kuat.

Luego apoyó su cabeza contra la de Buck y lo sacudió suavemente.

Kemudian dia merehatkan kepalanya sendiri terhadap Buck dan menggoncangnya perlahan-lahan.

Mientras tanto, él llamaba a Buck con nombres groseros que significaban amor para Buck.

Sepanjang masa, dia memanggil Buck nama kasar yang bermaksud cinta kepada Buck.

Para Buck, ese fuerte abrazo y esas palabras le trajeron una profunda alegría.

Kepada Buck, pelukan kasar dan kata-kata itu membawa kegembiraan yang mendalam.

Su corazón parecía latir con fuerza de felicidad con cada movimiento.

Hatinya seakan-akan bergoncang-goncang gembira dengan setiap pergerakannya.

Cuando se levantó de un salto, su boca parecía como si se estuviera riendo.

Apabila dia melompat selepas itu, mulutnya kelihatan seperti ketawa.

Sus ojos brillaban intensamente y su garganta temblaba con una alegría tácita.

Matanya bersinar terang dan tekaknya menggeletar kegembiraan yang tidak terucap.

Su sonrisa se detuvo en ese estado de emoción y afecto resplandeciente.

Senyumannya terhenti dalam keadaan terharu dan kasih sayang yang bercahaya itu.

Entonces Thornton exclamó pensativo: "¡Dios! ¡Casi puede hablar!"

Kemudian Thornton berseru termenung, "Tuhan! dia hampir boleh bercakap!"

Buck tenía una extraña forma de expresar amor que casi causaba dolor.

Buck mempunyai cara pelik untuk menyatakan cinta yang hampir menyebabkan kesakitan.

A menudo apretaba muy fuerte la mano de Thornton entre los dientes.

Dia sering mencengkam tangan Thornton di giginya dengan sangat kuat.

La mordedura iba a dejar marcas profundas que permanecerían durante algún tiempo.

Gigitan itu akan meninggalkan kesan mendalam yang tinggal beberapa lama selepas itu.

Buck creía que esos juramentos eran de amor y Thornton lo sabía también.

Buck percaya sumpah itu adalah cinta, dan Thornton tahu perkara yang sama.

La mayoría de las veces, el amor de Buck se demostraba en una adoración silenciosa, casi silenciosa.

Selalunya, cinta Buck ditunjukkan dalam pemujaan yang tenang dan hampir senyap.

Aunque se emocionaba cuando lo tocaban o le hablaban, no buscaba atención.

Walaupun teruja apabila disentuh atau bercakap, dia tidak mencari perhatian.

Skeet empujó su nariz bajo la mano de Thornton hasta que él la acarició.

Skeet mencuit hidungnya di bawah tangan Thornton sehingga dia membelainya.

Nig se acercó en silencio y apoyó su gran cabeza en la rodilla de Thornton.

Nig berjalan dengan senyap dan menyandarkan kepalanya yang besar pada lutut Thornton.

Buck, por el contrario, se conformaba con amar desde una distancia respetuosa.

Buck, sebaliknya, berpuas hati untuk mencintai dari jarak yang terhormat.

Durante horas permaneció tendido a los pies de Thornton, alerta y observando atentamente.

Dia berbohong selama berjam-jam di kaki Thornton, berjaga-jaga dan memerhati dengan teliti.

Buck estudió cada detalle del rostro de su amo y su más mínimo movimiento.

Buck mengkaji setiap perincian wajah tuannya dan gerakan yang sedikit.

O yacía más lejos, estudiando la figura del hombre en silencio.

Atau berbohong lebih jauh, mengkaji bentuk lelaki itu dalam diam.

Buck observó cada pequeño movimiento, cada cambio de postura o gesto.

Buck memerhati setiap pergerakan kecil, setiap perubahan postur atau gerak isyarat.

Tan poderosa era esta conexión que a menudo atraía la mirada de Thornton.

Begitu kuat hubungan ini yang sering menarik pandangan Thornton.

Sostuvo la mirada de Buck sin palabras, pero el amor brillaba claramente a través de ella.

Dia bertemu mata Buck tanpa kata-kata, cinta bersinar jelas melalui.

Durante mucho tiempo después de ser salvado, Buck nunca perdió de vista a Thornton.

Untuk masa yang lama selepas diselamatkan, Buck tidak pernah membiarkan Thornton hilang dari pandangan.

Cada vez que Thornton salía de la tienda, Buck lo seguía de cerca afuera.

Setiap kali Thornton meninggalkan khemah, Buck mengikutinya rapat di luar.

Todos los amos severos de las Tierras del Norte habían hecho que Buck tuviera miedo de confiar.

Semua tuan yang keras di Northland telah membuat Buck takut untuk mempercayai.

Temía que ningún hombre pudiera seguir siendo su amo durante más de un corto tiempo.

Dia takut tiada seorang pun boleh kekal sebagai tuannya untuk masa yang singkat.

Temía que John Thornton desapareciera como Perrault y François.

Dia takut John Thornton akan lenyap seperti Perrault dan François.

Incluso por la noche, el miedo a perderlo acechaba el sueño inquieto de Buck.

Malah pada waktu malam, ketakutan kehilangannya menghantui tidur Buck yang tidak lena.

Cuando Buck se despertó, salió a escondidas al frío y fue a la tienda de campaña.

Apabila Buck bangun, dia merangkak ke dalam kesejukan, dan pergi ke khemah.

Escuchó atentamente el suave sonido de la respiración en su interior.

Dia mendengar dengan teliti bunyi nafas yang lembut di dalam.

A pesar del profundo amor de Buck por John Thornton, lo salvaje siguió vivo.

Walaupun cinta Buck yang mendalam untuk John Thornton, liar tetap hidup.

Ese instinto primitivo, despertado en el Norte, no desapareció.

Naluri primitif itu, terbangun di Utara, tidak hilang.

El amor trajo devoción, lealtad y el cálido vínculo del fuego.

Cinta membawa pengabdian, kesetiaan, dan ikatan mesra pihak api.

Pero Buck también mantuvo sus instintos salvajes, agudos y siempre alerta.
Tetapi Buck juga mengekalkan naluri liarnya, tajam dan sentiasa berwaspada.
No era sólo una mascota domesticada de las suaves tierras de la civilización.
Dia bukan sekadar haiwan peliharaan yang dijinakkan dari tanah lembut tamadun.
Buck era un ser salvaje que había venido a sentarse junto al fuego de Thornton.
Buck adalah makhluk liar yang datang untuk duduk di tepi api Thornton.
Parecía un perro del Sur, pero en su interior vivía lo salvaje.
Dia kelihatan seperti anjing Southland, tetapi keliaran hidup dalam dirinya.
Su amor por Thornton era demasiado grande como para permitirle robarle algo.
Cintanya kepada Thornton terlalu besar untuk membenarkan kecurian daripada lelaki itu.
Pero en cualquier otro campamento, robaría con valentía y sin pausa.
Tetapi di mana-mana kem lain, dia akan mencuri dengan berani dan tanpa jeda.
Era tan astuto al robar que nadie podía atraparlo ni acusarlo.
Dia sangat bijak dalam mencuri sehinggakan tiada siapa yang dapat menangkap atau menuduhnya.
Su rostro y su cuerpo estaban cubiertos de cicatrices de muchas peleas pasadas.
Muka dan badannya dipenuhi parut akibat banyak pergaduhan yang lalu.
Buck seguía luchando con fiereza, pero ahora luchaba con más astucia.
Buck masih bertarung dengan hebat, tetapi kini dia bertarung dengan lebih licik.
Skeet y Nig eran demasiado amables para pelear, y eran de Thornton.

Skeet dan Nig terlalu lembut untuk melawan, dan mereka adalah milik Thornton.

Pero cualquier perro extraño, por fuerte o valiente que fuese, cedía.

Tetapi mana-mana anjing aneh, tidak kira betapa kuat atau berani, memberi laluan.

De lo contrario, el perro se encontraría luchando contra Buck; luchando por su vida.

Jika tidak, anjing itu mendapati dirinya bertarung dengan Buck; berjuang untuk hidupnya.

Buck no tuvo piedad una vez que decidió pelear contra otro perro.

Buck tidak mempunyai belas kasihan apabila dia memilih untuk melawan anjing lain.

Había aprendido bien la ley del garrote y el colmillo en las Tierras del Norte.

Dia telah mempelajari dengan baik undang-undang kelab dan taring di Northland.

Él nunca renunció a una ventaja y nunca se retractó de la batalla.

Dia tidak pernah melepaskan kelebihan dan tidak pernah berundur dari pertempuran.

Había estudiado a los Spitz y a los perros más feroces del correo y de la policía.

Dia telah mempelajari Spitz dan anjing surat dan polis yang paling garang.

Sabía claramente que no había término medio en un combate salvaje.

Dia tahu dengan jelas bahawa tiada jalan tengah dalam pertempuran liar.

Él debía gobernar o ser gobernado; mostrar misericordia significaba mostrar debilidad.

Dia mesti memerintah atau diperintah; menunjukkan belas kasihan bermakna menunjukkan kelemahan.

Mercy era una desconocida en el crudo y brutal mundo de la supervivencia.

Mercy tidak diketahui dalam dunia kelangsungan hidup yang mentah dan kejam.

Mostrar misericordia era visto como miedo, y el miedo conducía rápidamente a la muerte.

Untuk menunjukkan belas kasihan dilihat sebagai ketakutan, dan ketakutan membawa kepada kematian dengan cepat.

La antigua ley era simple: matar o ser asesinado, comer o ser comido.

Undang-undang lama adalah mudah: bunuh atau dibunuh, makan atau dimakan.

Esa ley vino desde las profundidades del tiempo, y Buck la siguió plenamente.

Undang-undang itu datang dari kedalaman masa, dan Buck mengikutinya sepenuhnya.

Buck era mayor que su edad y el número de respiraciones que tomaba.

Buck lebih tua daripada usianya dan bilangan nafas yang diambilnya.

Conectó claramente el pasado antiguo con el momento presente.

Dia menghubungkan masa lampau dengan masa kini dengan jelas.

Los ritmos profundos de las épocas lo atravesaban como mareas.

Irama dalam zaman berzaman bergerak melaluinya seperti air pasang.

El tiempo latía en su sangre con la misma seguridad con la que las estaciones movían la tierra.

Waktu berdenyut dalam darahnya sepasti musim menggerakkan bumi.

Se sentó junto al fuego de Thornton, con el pecho fuerte y los colmillos blancos.

Dia duduk di tepi api Thornton, berdada kuat dan bertaring putih.

Su largo pelaje ondeaba, pero detrás de él los espíritus de los perros salvajes observaban.

Bulunya yang panjang melambai, tetapi di belakangnya roh anjing liar memerhati.

Lobos medio y lobos completos se agitaron dentro de su corazón y sus sentidos.
Serigala separuh dan serigala penuh bergolak dalam hati dan derianya.

Probaron su carne y bebieron la misma agua que él.
Mereka merasai dagingnya dan minum air yang sama seperti yang dia lakukan.

Olfatearon el viento junto a él y escucharon el bosque.
Mereka menghidu angin di sampingnya dan mendengar hutan.

Susurraron los significados de los sonidos salvajes en la oscuridad.
Mereka membisikkan maksud bunyi liar dalam kegelapan.

Ellos moldearon sus estados de ánimo y guiaron cada una de sus reacciones tranquilas.
Mereka membentuk perasaannya dan membimbing setiap reaksi diamnya.

Se quedaron con él mientras dormía y se convirtieron en parte de sus sueños más profundos.
Mereka berbaring dengannya semasa dia tidur dan menjadi sebahagian daripada mimpinya yang mendalam.

Soñaron con él, más allá de él, y constituyeron su propio espíritu.
Mereka bermimpi dengan dia, di luar dia, dan membentuk rohnya.

Los espíritus de la naturaleza llamaron con tanta fuerza que Buck se sintió atraído.
Roh-roh liar memanggil dengan kuat sehingga Buck berasa ditarik.

Cada día, la humanidad y sus reivindicaciones se debilitaban más en el corazón de Buck.
Setiap hari, manusia dan tuntutannya semakin lemah dalam hati Buck.

En lo profundo del bosque, un llamado extraño y emocionante estaba por surgir.

Jauh di dalam hutan, panggilan aneh dan mendebarkan akan meningkat.

Cada vez que escuchaba el llamado, Buck sentía un impulso que no podía resistir.
Setiap kali dia mendengar panggilan itu, Buck merasakan dorongan yang tidak dapat dia tahan.

Él iba a alejarse del fuego y de los caminos humanos trillados.
Dia akan berpaling dari api dan dari jalan manusia yang dipukul.

Iba a adentrarse en el bosque, avanzando sin saber por qué.
Dia akan terjun ke dalam hutan, pergi ke hadapan tanpa mengetahui sebabnya.

Él no cuestionó esta atracción porque el llamado era profundo y poderoso.
Dia tidak mempersoalkan tarikan ini, kerana panggilan itu mendalam dan kuat.

A menudo, alcanzaba la sombra verde y la tierra suave e intacta.
Selalunya, dia mencapai teduhan hijau dan bumi lembut yang tidak disentuh

Pero entonces el fuerte amor por John Thornton lo atrajo de nuevo al fuego.
Tetapi kemudian cinta yang kuat untuk John Thornton menariknya kembali ke api.

Sólo John Thornton realmente pudo sostener en sus manos el corazón salvaje de Buck.
Hanya John Thornton yang benar-benar memegang hati liar Buck dalam genggamannya.

El resto de la humanidad no tenía ningún valor o significado duradero para Buck.
Selebihnya manusia tidak mempunyai nilai atau makna yang berkekalan kepada Buck.

Los extraños podrían elogiarlo o acariciar su pelaje con manos amistosas.
Orang asing mungkin memujinya atau membelai bulunya dengan tangan yang mesra.

Buck permaneció impasible y se alejó por demasiado afecto.
Buck tetap tidak berganjak dan pergi dari terlalu sayang.

Hans y Pete llegaron con la balsa que habían esperado durante tanto tiempo.
Hans dan Pete tiba dengan rakit yang telah lama ditunggu-tunggu

Buck los ignoró hasta que supo que estaban cerca de Thornton.
Buck tidak mengendahkan mereka sehingga dia mengetahui bahawa mereka rapat dengan Thornton.

Después de eso, los toleró, pero nunca les mostró total calidez.
Selepas itu, dia bertolak ansur dengan mereka, tetapi tidak pernah menunjukkan kemesraan sepenuhnya.

Él aceptaba comida o gentileza de ellos como si les estuviera haciendo un favor.
Dia mengambil makanan atau kebaikan daripada mereka seolah-olah memberi mereka kebaikan.

Eran como Thornton: sencillos, honestos y claros en sus pensamientos.
Mereka seperti Thornton—sederhana, jujur dan jelas dalam pemikiran.

Todos juntos viajaron al aserradero de Dawson y al gran remolino.
Semua bersama-sama mereka pergi ke kilang gergaji Dawson dan pusaran besar

En su viaje aprendieron a comprender profundamente la naturaleza de Buck.
Dalam perjalanan mereka belajar untuk memahami sifat Buck secara mendalam.

No intentaron acercarse como lo habían hecho Skeet y Nig.
Mereka tidak cuba untuk menjadi rapat seperti yang dilakukan Skeet dan Nig.

Pero el amor de Buck por John Thornton solo se profundizó con el tiempo.
Tetapi cinta Buck untuk John Thornton semakin mendalam dari semasa ke semasa.

Sólo Thornton podía colocar una mochila en la espalda de Buck en el verano.
Hanya Thornton boleh meletakkan satu pek di belakang Buck pada musim panas.

Cualquiera que fuera lo que Thornton ordenaba, Buck estaba dispuesto a hacerlo a cabalidad.
Apa sahaja yang diperintahkan oleh Thornton, Buck sanggup lakukan sepenuhnya.

Un día, después de que dejaron Dawson hacia las cabeceras del río Tanana,
Suatu hari, selepas mereka meninggalkan Dawson menuju ke hulu Tanana,

El grupo se sentó en un acantilado que caía un metro hasta el lecho rocoso desnudo.
kumpulan itu duduk di atas tebing yang jatuh tiga kaki ke batuan dasar kosong.

John Thornton se sentó cerca del borde y Buck descansó a su lado.
John Thornton duduk berhampiran tepi, dan Buck berehat di sebelahnya.

Thornton tuvo una idea repentina y llamó la atención de los hombres.
Thornton tiba-tiba terfikir dan menarik perhatian lelaki itu.

Señaló hacia el otro lado del abismo y le dio a Buck una única orden.
Dia menunjuk ke seberang jurang dan memberi Buck satu arahan.

—¡Salta, Buck! —dijo, extendiendo el brazo por encima del precipicio.
"Lompat, Buck!" katanya sambil menghayunkan tangannya ke atas titisan itu.

En un momento, tuvo que agarrar a Buck, quien estaba saltando para obedecer.
Dalam seketika, dia terpaksa menangkap Buck, yang melompat untuk mematuhi.

Hans y Pete corrieron hacia adelante y los pusieron a ambos a salvo.

Hans dan Pete meluru ke hadapan dan menarik kedua-duanya kembali ke tempat selamat.

Cuando todo terminó y recuperaron el aliento, Pete habló.
Selepas semuanya berakhir, dan mereka telah menarik nafas, Pete bersuara.

"El amor es extraño", dijo, conmocionado por la feroz devoción del perro.
"Cinta itu luar biasa," katanya, digegarkan oleh ketaatan anjing itu.

Thornton meneó la cabeza y respondió con seriedad y calma.
Thornton menggelengkan kepalanya dan menjawab dengan kesungguhan yang tenang.

"No, el amor es espléndido", dijo, "pero también terrible".
"Tidak, cinta itu indah," katanya, "tetapi juga mengerikan."

"A veces, debo admitirlo, este tipo de amor me da miedo".
"Kadang-kadang, saya mesti mengakui, cinta seperti ini membuatkan saya takut."

Pete asintió y dijo: "Odiaría ser el hombre que te toque".
Pete mengangguk dan berkata, "Saya tidak suka menjadi lelaki yang menyentuh awak."

Miró a Buck mientras hablaba, serio y lleno de respeto.
Dia memandang Buck sambil bercakap, serius dan penuh hormat.

—¡Py Jingo! —dijo Hans rápidamente—. Yo tampoco, señor.
"Py Jingo!" kata Hans pantas. "Saya juga, tidak tuan."

Antes de que terminara el año, los temores de Pete se hicieron realidad en Circle City.
Sebelum tahun berakhir, ketakutan Pete menjadi kenyataan di Circle City.

Un hombre cruel llamado Black Burton provocó una pelea en el bar.
Seorang lelaki kejam bernama Black Burton bergaduh di bar.

Estaba enojado y malicioso, arremetiendo contra un nuevo novato.
Dia marah dan berniat jahat, menyelar kaki lembut yang baru.

John Thornton entró en escena, tranquilo y afable como siempre.
John Thornton melangkah masuk, tenang dan baik hati seperti biasa.
Buck yacía en un rincón, con la cabeza gacha, observando a Thornton de cerca.
Buck berbaring di sudut, menunduk, memerhati Thornton dengan teliti.
Burton atacó de repente, y su puñetazo hizo que Thornton girara.
Burton tiba-tiba menyerang, tumbukannya menyebabkan Thornton berputar.
Sólo la barandilla de la barra evitó que se estrellara con fuerza contra el suelo.
Hanya rel palang yang menghalangnya daripada terhempas kuat ke tanah.
Los observadores oyeron un sonido que no era un ladrido ni un aullido.
Para pemerhati mendengar bunyi yang tidak menyalak atau menjerit
Un rugido profundo salió de Buck mientras se lanzaba hacia el hombre.
raungan dalam datang dari Buck semasa dia melancarkan ke arah lelaki itu.
Burton levantó el brazo y apenas salvó su vida.
Burton mengangkat tangannya dan hampir tidak menyelamatkan nyawanya sendiri.
Buck se estrelló contra él y lo tiró al suelo.
Buck merempuhnya, menghempaskannya ke lantai.
Buck mordió profundamente el brazo del hombre y luego se abalanzó sobre su garganta.
Buck menggigit jauh ke dalam lengan lelaki itu, kemudian menerkam ke kerongkong.
Burton sólo pudo bloquearlo parcialmente y su cuello quedó destrozado.
Burton hanya boleh menghalang sebahagian, dan lehernya terkoyak.

Los hombres se apresuraron a entrar, con los garrotes en alto, y apartaron a Buck del hombre sangrante.
Lelaki bergegas masuk, kayu dibangkitkan, dan menghalau Buck dari lelaki yang berdarah itu.
Un cirujano trabajó rápidamente para detener la fuga de sangre.
Seorang pakar bedah bertindak pantas untuk menghentikan darah daripada mengalir keluar.
Buck caminaba de un lado a otro y gruñía, intentando atacar una y otra vez.
Buck mundar-mandir dan menggeram, cuba menyerang lagi dan lagi.
Sólo los golpes con los palos le impidieron llegar hasta Burton.
Hanya kayu berayun yang menghalangnya daripada sampai ke Burton.
Allí mismo se convocó y celebró una asamblea de mineros.
Satu mesyuarat pelombong telah dipanggil dan diadakan di sana di tempat kejadian.
Estuvieron de acuerdo en que Buck había sido provocado y votaron por liberarlo.
Mereka bersetuju Buck telah diprovokasi dan mengundi untuk membebaskannya.
Pero el feroz nombre de Buck ahora resonaba en todos los campamentos de Alaska.
Tetapi nama sengit Buck kini bergema di setiap kem di Alaska.
Más tarde ese otoño, Buck salvó a Thornton nuevamente de una nueva manera.
Kemudian pada musim luruh itu, Buck menyelamatkan Thornton sekali lagi dengan cara yang baharu.
Los tres hombres guiaban un bote largo por rápidos agitados.
Ketiga-tiga lelaki itu memandu bot panjang menyusuri jeram yang bergelora.
Thornton tripulaba el bote, gritando instrucciones para llegar a la costa.

Thornton mengendalikan bot, memanggil arah ke garis pantai.
Hans y Pete corrieron por la tierra, sosteniendo una cuerda de árbol a árbol.
Hans dan Pete berlari di darat, memegang tali dari pokok ke pokok.
Buck seguía el ritmo en la orilla, siempre observando a su amo.
Buck terus berjalan di bank, sentiasa memerhati tuannya.
En un lugar desagradable, las rocas sobresalían bajo el agua rápida.
Di satu tempat yang jahat, batu-batu menjorok keluar di bawah air deras.
Hans soltó la cuerda y Thornton dirigió el bote hacia otro lado.
Hans melepaskan tali, dan Thornton mengemudi bot itu lebar-lebar.
Hans corrió para alcanzar el barco nuevamente más allá de las rocas peligrosas.
Hans pecut untuk menangkap bot itu semula melepasi batu-batu berbahaya.
El barco superó la cornisa pero se topó con una parte más fuerte de la corriente.
Bot itu membersihkan tebing tetapi melanggar bahagian arus yang lebih kuat.
Hans agarró la cuerda demasiado rápido y desequilibró el barco.
Hans mengambil tali terlalu cepat dan menarik bot itu hilang keseimbangan.
El barco se volcó y se estrelló contra la orilla, boca abajo.
Bot itu terbalik dan terhempas ke dalam tebing, dari bawah ke atas.
Thornton fue arrojado y arrastrado hacia la parte más salvaje del agua.
Thornton tercampak keluar dan dihanyutkan ke bahagian paling liar air.
Ningún nadador habría podido sobrevivir en esas aguas turbulentas y mortales.

Tiada perenang boleh terselamat di perairan yang boleh membawa maut itu.
Buck saltó instantáneamente y persiguió a su amo río abajo.
Buck melompat masuk serta-merta dan mengejar tuannya ke dalam sungai.
Después de trescientos metros, llegó por fin a Thornton.
Selepas tiga ratus ela, dia tiba di Thornton akhirnya.
Thornton agarró la cola de Buck y Buck se giró hacia la orilla.
Thornton meraih ekor Buck, dan Buck berpaling ke pantai.
Nadó con todas sus fuerzas, luchando contra el arrastre salvaje del agua.
Dia berenang dengan kekuatan penuh, melawan seretan liar air.
Se movieron río abajo más rápido de lo que podían llegar a la orilla.
Mereka bergerak ke hilir lebih cepat daripada yang mereka boleh sampai ke pantai.
Más adelante, el río rugía cada vez más fuerte mientras caía en rápidos mortales.
Di hadapan, sungai menderu lebih kuat apabila ia jatuh ke dalam jeram maut.
Las rocas cortaban el agua como los dientes de un peine enorme.
Batu-batu dihiris melalui air seperti gigi sikat besar.
La atracción del agua cerca de la caída era salvaje e ineludible.
Tarikan air berhampiran titisan adalah ganas dan tidak dapat dielakkan.
Thornton sabía que nunca podrían llegar a la costa a tiempo.
Thornton tahu mereka tidak boleh sampai ke pantai tepat pada masanya.
Raspó una roca, se estrelló contra otra,
Dia mengikis satu batu, menghancurkan satu saat,
Y entonces se estrelló contra una tercera roca, agarrándola con ambas manos.

Dan kemudian dia terhempas ke batu ketiga, meraihnya dengan kedua-dua tangannya.

Soltó a Buck y gritó por encima del rugido: "¡Vamos, Buck! ¡Vamos!".

Dia melepaskan Buck dan menjerit di atas raungan itu, "Pergi, Buck! Pergi!"

Buck no pudo mantenerse a flote y fue arrastrado por la corriente.

Buck tidak dapat bertahan dan dihanyutkan oleh arus.

Luchó con todas sus fuerzas, intentando girar, pero no consiguió ningún progreso.

Dia berjuang keras, bergelut untuk berpaling, tetapi tidak membuat kemajuan sama sekali.

Entonces escuchó a Thornton repetir la orden por encima del rugido del río.

Kemudian dia mendengar Thornton mengulangi arahan atas deruan sungai.

Buck salió del agua y levantó la cabeza como para echar una última mirada.

Buck bangkit dari air, mengangkat kepalanya seolah-olah untuk melihat terakhir.

Luego se giró y obedeció, nadando hacia la orilla con resolución.

kemudian berpaling dan menurut, berenang ke arah bank dengan tekad.

Pete y Hans lo sacaron a tierra en el último momento posible.

Pete dan Hans menariknya ke darat pada saat terakhir yang mungkin.

Sabían que Thornton podría aferrarse a la roca sólo por unos minutos más.

Mereka tahu Thornton boleh berpaut pada batu itu untuk beberapa minit sahaja lagi.

Corrieron por la orilla hasta un lugar mucho más arriba de donde estaba colgado.

Mereka berlari ke atas bank ke tempat yang jauh di atas tempat dia tergantung.

Ataron la cuerda del bote al cuello y los hombros de Buck con cuidado.
Mereka mengikat tali bot pada leher dan bahu Buck dengan berhati-hati.

La cuerda estaba ajustada pero lo suficientemente suelta para permitir la respiración y el movimiento.
Tali itu selesa tetapi cukup longgar untuk bernafas dan bergerak.

Luego lo lanzaron nuevamente al caudaloso y mortal río.
Kemudian mereka melancarkannya ke dalam sungai yang deras dan mematikan itu lagi.

Buck nadó con valentía, pero perdió su ángulo debido a la fuerza de la corriente.
Buck berenang dengan berani tetapi terlepas sudutnya ke arah arus sungai.

Se dio cuenta demasiado tarde de que iba a dejar atrás a Thornton.
Dia melihat terlalu lewat bahawa dia akan hanyut melepasi Thornton.

Hans tiró de la cuerda con fuerza, como si Buck fuera un barco que se hundía.
Hans menyentak tali dengan kuat, seolah-olah Buck adalah bot yang terbalik.

La corriente lo arrastró hacia abajo y desapareció bajo la superficie.
Arus itu menariknya ke bawah, dan dia hilang di bawah permukaan.

Su cuerpo chocó contra el banco antes de que Hans y Pete pudieran sacarlo.
Badannya mencecah bank sebelum Hans dan Pete menariknya keluar.

Estaba medio ahogado y le sacaron el agua a golpes.
Dia separuh lemas, dan mereka menumbuk air daripadanya.

Buck se puso de pie, se tambaleó y volvió a desplomarse en el suelo.
Buck berdiri, terhuyung-hayang, dan rebah semula ke tanah.

Entonces oyeron la voz de Thornton llevada débilmente por el viento.
Kemudian mereka mendengar suara Thornton yang sayup-sayup dibawa oleh angin.
Aunque las palabras no eran claras, sabían que estaba cerca de morir.
Walaupun kata-kata itu tidak jelas, mereka tahu dia hampir mati.
El sonido de la voz de Thornton golpeó a Buck como una sacudida eléctrica.
Bunyi suara Thornton memukul Buck seperti tersentak elektrik.
Saltó y corrió por la orilla, regresando al punto de lanzamiento.
Dia melompat dan berlari ke atas bank, kembali ke tempat pelancaran.
Nuevamente ataron la cuerda a Buck, y nuevamente entró al arroyo.
Sekali lagi mereka mengikat tali kepada Buck, dan sekali lagi dia memasuki sungai.
Esta vez nadó directo y firmemente hacia el agua que palpitaba.
Kali ini, dia berenang terus dan kuat ke dalam air yang deras.
Hans soltó la cuerda con firmeza mientras Pete evitaba que se enredara.
Hans melepaskan tali itu dengan mantap manakala Pete menahannya daripada tersangkut.
Buck nadó con fuerza hasta que estuvo alineado justo encima de Thornton.
Buck berenang dengan kuat sehingga dia berbaris tepat di atas Thornton.
Luego se dio la vuelta y se lanzó hacia abajo como un tren a toda velocidad.
Kemudian dia berpusing dan meluncur ke bawah seperti kereta api dalam kelajuan penuh.
Thornton lo vio venir, se preparó y le rodeó el cuello con los brazos.

Thornton melihat dia datang, berpegangan tangan, dan mengunci lengan di lehernya.

Hans ató la cuerda fuertemente alrededor de un árbol mientras ambos eran arrastrados hacia abajo.

Hans mengikat tali dengan pantas di sekeliling pokok apabila kedua-duanya ditarik ke bawah.

Cayeron bajo el agua y se estrellaron contra rocas y escombros del río.

Mereka jatuh di bawah air, menghempap batu dan serpihan sungai.

En un momento Buck estaba arriba y al siguiente Thornton se levantó jadeando.

Satu saat Buck berada di atas, Thornton seterusnya naik tercungap-cungap.

Maltratados y asfixiados, se desviaron hacia la orilla y se pusieron a salvo.

Dipukul dan tercekik, mereka membelok ke tebing dan selamat.

Thornton recuperó el conocimiento, acostado sobre un tronco a la deriva.

Thornton sedar semula, terbaring di sebatang kayu hanyut.

Hans y Pete trabajaron duro para devolverle el aliento y la vida.

Hans dan Pete bekerja keras untuk mengembalikan nafas dan kehidupan.

Su primer pensamiento fue para Buck, que yacía inmóvil y flácido.

Fikiran pertamanya adalah untuk Buck, yang berbaring tidak bergerak dan lemas.

Nig aulló sobre el cuerpo de Buck y Skeet le lamió la cara suavemente.

Nig melolong atas badan Buck, dan Skeet menjilat mukanya perlahan-lahan.

Thornton, dolorido y magullado, examinó a Buck con manos cuidadosas.

Thornton, sakit dan lebam, memeriksa Buck dengan tangan yang berhati-hati.

Encontró tres costillas rotas, pero ninguna herida mortal en el perro.
Dia mendapati tiga rusuk patah, tetapi tiada luka maut pada anjing itu.

"Eso lo resuelve", dijo Thornton. "Acamparemos aquí". Y así lo hicieron.
"Itu menyelesaikannya," kata Thornton. "Kami berkhemah di sini." Dan mereka melakukannya.

Se quedaron hasta que las costillas de Buck sanaron y pudo caminar nuevamente.
Mereka tinggal sehingga tulang rusuk Buck sembuh dan dia boleh berjalan semula.

Ese invierno, Buck realizó una hazaña que aumentó aún más su fama.
Musim sejuk itu, Buck melakukan prestasi yang meningkatkan kemasyhurannya.

Fue menos heroico que salvar a Thornton, pero igual de impresionante.
Ia kurang heroik daripada menyelamatkan Thornton, tetapi sama mengagumkannya.

En Dawson, los socios necesitaban suministros para un viaje lejano.
Di Dawson, rakan kongsi memerlukan bekalan untuk perjalanan yang jauh.

Querían viajar hacia el Este, hacia tierras vírgenes y silvestres.
Mereka mahu mengembara ke Timur, ke tanah belantara yang tidak disentuh.

La escritura de Buck en el Eldorado Saloon hizo posible ese viaje.
Perbuatan Buck di Eldorado Saloon membolehkan perjalanan itu.

Todo empezó con hombres alardeando de sus perros mientras bebían.
Ia bermula dengan lelaki bercakap besar tentang anjing mereka kerana minuman.

La fama de Buck lo convirtió en blanco de desafíos y dudas.
Kemasyhuran Buck menjadikannya sasaran cabaran dan keraguan.

Thornton, orgulloso y tranquilo, se mantuvo firme en la defensa del nombre de Buck.
Thornton, bangga dan tenang, berdiri teguh dalam mempertahankan nama Buck.

Un hombre dijo que su perro podía levantar doscientos cincuenta kilos con facilidad.
Seorang lelaki berkata anjingnya boleh menarik lima ratus paun dengan mudah.

Otro dijo seiscientos, y un tercero se jactó de setecientos.
Seorang lagi berkata enam ratus, dan yang ketiga membual tujuh ratus.

"¡Pfft!" dijo John Thornton, "Buck puede tirar de un trineo de mil libras".
"Pfft!" kata John Thornton, "Buck boleh menarik kereta luncur seribu paun."

Matthewson, un Rey de Bonanza, se inclinó hacia delante y lo desafió.
Matthewson, seorang Raja Bonanza, mencondongkan badan ke hadapan dan mencabarnya.

¿Crees que puede poner tanto peso en movimiento?
"Anda fikir dia boleh menggerakkan beban sebanyak itu?"

"¿Y crees que puede tirar del peso cien yardas enteras?"
"Dan anda fikir dia boleh menarik berat seratus ela penuh?"

Thornton respondió con frialdad: «Sí. Buck es lo suficientemente bueno como para hacerlo».
Thornton menjawab dengan tenang, "Ya. Buck cukup anjing untuk melakukannya."

"Pondrá mil libras en movimiento y las arrastrará cien yardas".
"Dia akan menggerakkan seribu paun, dan menariknya seratus ela."

Matthewson sonrió lentamente y se aseguró de que todos los hombres escucharan sus palabras.

Matthewson tersenyum perlahan dan memastikan semua lelaki mendengar kata-katanya.

Tengo mil dólares que dicen que no puede. Ahí está.

"Saya ada seribu dolar yang mengatakan dia tidak boleh. Itu dia."

Arrojó un saco de polvo de oro del tamaño de una salchicha sobre la barra.

Dia menghempas guni debu emas sebesar sosej pada palang.

Nadie dijo una palabra. El silencio se hizo denso y tenso a su alrededor.

Tiada siapa berkata sepatah pun. Kesunyian menjadi berat dan tegang di sekeliling mereka.

El engaño de Thornton —si es que lo hubo— había sido tomado en serio.

Tebing Thornton—jika ianya satu—telah dipandang serius.

Sintió que el calor le subía a la cara mientras la sangre le subía a las mejillas.

Terasa panas di mukanya apabila darah menyerbu ke pipi.

En ese momento su lengua se había adelantado a su razón.

Lidahnya sudah mendahului alasannya ketika itu.

Realmente no sabía si Buck podría mover mil libras.

Dia benar-benar tidak tahu sama ada Buck boleh bergerak seribu pound.

¡Media tonelada! Solo su tamaño le hacía sentir un gran peso en el corazón.

Setengah tan! Saiznya sahaja membuatkan hatinya terasa berat.

Tenía fe en la fuerza de Buck y creía que era capaz.

Dia percaya pada kekuatan Buck dan fikir dia mampu.

Pero nunca se había enfrentado a un desafío así, no de esta manera.

Tetapi dia tidak pernah menghadapi cabaran seperti ini, tidak seperti ini.

Una docena de hombres lo observaban en silencio, esperando ver qué haría.

Sedozen lelaki memerhatinya dengan senyap, menunggu untuk melihat apa yang akan dia lakukan.

Él no tenía el dinero, ni tampoco Hans ni Pete.
Dia tidak mempunyai wang—begitu juga Hans atau Pete.

"Tengo un trineo afuera", dijo Matthewson fría y directamente.
"Saya ada kereta luncur di luar," kata Matthewson dengan dingin dan terus terang.

"Está cargado con veinte sacos de cincuenta libras cada uno, todo de harina.
"Ia dimuatkan dengan dua puluh guni, lima puluh paun setiap satu, semuanya tepung.

Así que no dejen que un trineo perdido sea su excusa ahora", añadió.
Jadi jangan biarkan kereta luncur yang hilang menjadi alasan anda sekarang," tambahnya.

Thornton permaneció en silencio. No sabía qué decir.
Thornton terdiam. Dia tidak tahu perkataan apa yang hendak diberikan.

Miró a su alrededor los rostros sin verlos con claridad.
Dia memandang sekeliling wajah-wajah itu tanpa melihat dengan jelas.

Parecía un hombre congelado en sus pensamientos, intentando reiniciarse.
Dia kelihatan seperti lelaki beku dalam pemikiran, cuba untuk memulakan semula.

Luego vio a Jim O'Brien, un amigo de la época de Mastodon.
Kemudian dia melihat Jim O'Brien, seorang kawan dari zaman Mastodon.

Ese rostro familiar le dio un coraje que no sabía que tenía.
Wajah yang dikenalinya itu memberinya keberanian yang tidak diketahuinya.

Se giró y preguntó en voz baja: "¿Puedes prestarme mil?"
Dia berpaling dan bertanya dengan suara rendah, "Bolehkah kamu meminjamkan saya seribu?"

"Claro", dijo O'Brien, dejando caer un pesado saco junto al oro.
"Sudah tentu," kata O'Brien, menjatuhkan guni berat di tepi emas.

"Pero la verdad, John, no creo que la bestia pueda hacer esto".

"Tetapi sebenarnya, John, saya tidak percaya binatang itu boleh melakukan ini."

Todos los que estaban en el Eldorado Saloon corrieron hacia afuera para ver el evento.

Semua orang di Saloon Eldorado bergegas keluar untuk melihat acara itu.

Abandonaron las mesas y las bebidas, e incluso los juegos se pausaron.

Mereka meninggalkan meja dan minuman, malah permainan dijeda.

Comerciantes y jugadores acudieron para presenciar el final de la audaz apuesta.

Peniaga dan penjudi datang untuk menyaksikan penamatan taruhan yang berani.

Cientos de personas se reunieron alrededor del trineo en la calle helada y abierta.

Beratus-ratus berkumpul di sekeliling kereta luncur di jalan terbuka yang berais.

El trineo de Matthewson estaba cargado con un montón de sacos de harina.

Kereta luncur Matthewson berdiri dengan muatan penuh guni tepung.

El trineo había permanecido parado durante horas a temperaturas bajo cero.

Kereta luncur itu telah duduk selama berjam-jam dalam suhu tolak.

Los patines del trineo estaban congelados y pegados a la nieve compacta.

Pelari kereta luncur itu dibekukan rapat dengan salji yang penuh sesak.

Los hombres ofrecieron dos a uno de que Buck no podría mover el trineo.

Lelaki menawarkan kemungkinan dua lawan satu bahawa Buck tidak dapat menggerakkan kereta luncur.

Se desató una disputa sobre lo que realmente significaba "break out".
Pertikaian tercetus tentang maksud "pecah" sebenarnya.
O'Brien dijo que Thornton debería aflojar la base congelada del trineo.
O'Brien berkata Thornton harus melonggarkan asas beku kereta luncur itu.
Buck pudo entonces "escapar" de un comienzo sólido e inmóvil.
Buck kemudiannya boleh "keluar" dari permulaan yang kukuh dan tidak bergerak.
Matthewson argumentó que el perro también debe liberar a los corredores.
Matthewson berhujah anjing itu mesti membebaskan pelari juga.
Los hombres que habían escuchado la apuesta estuvieron de acuerdo con la opinión de Matthewson.
Lelaki yang mendengar pertaruhan itu bersetuju dengan pandangan Matthewson.
Con esa decisión, las probabilidades aumentaron a tres a uno en contra de Buck.
Dengan keputusan itu, peluang melonjak kepada tiga lawan satu menentang Buck.
Nadie se animó a asumir las crecientes probabilidades de tres a uno.
Tiada siapa yang melangkah ke hadapan untuk mengambil peluang tiga lawan satu yang semakin meningkat.
Ningún hombre creyó que Buck pudiera realizar la gran hazaña.
Tiada seorang pun yang percaya Buck boleh melakukan prestasi hebat itu.
Thornton se había apresurado a hacer la apuesta, cargado de dudas.
Thornton telah bergegas ke dalam pertaruhan, penuh dengan keraguan.
Ahora miró el trineo y el equipo de diez perros que estaba a su lado.

Sekarang dia melihat kereta luncur dan pasukan sepuluh anjing di sebelahnya.

Ver la realidad de la tarea la hizo parecer más imposible.
Melihat realiti tugas itu menjadikannya kelihatan lebih mustahil.

Matthewson estaba lleno de orgullo y confianza en ese momento.
Matthewson penuh dengan kebanggaan dan keyakinan pada saat itu.

—¡Tres a uno! —gritó—. ¡Apuesto mil más, Thornton!
"Tiga lawan satu!" dia menjerit. "Saya akan bertaruh seribu lagi, Thornton!

"¿Qué dices?" añadió lo suficientemente alto para que todos lo oyeran.
Apa kata awak?" tambahnya, cukup kuat untuk didengari semua orang.

El rostro de Thornton mostraba sus dudas, pero su ánimo se había elevado.
Wajah Thornton menunjukkan keraguannya, tetapi semangatnya telah meningkat.

Ese espíritu de lucha ignoraba las probabilidades y no temía a nada en absoluto.
Semangat juang itu tidak menghiraukan kemungkinan dan tidak takut sama sekali.

Llamó a Hans y Pete para que trajeran todo su dinero a la mesa.
Dia memanggil Hans dan Pete untuk membawa semua wang tunai mereka ke meja.

Les quedaba poco: sólo doscientos dólares en total.
Mereka mempunyai sedikit baki—hanya dua ratus dolar digabungkan.

Esta pequeña suma constituía su fortuna total en tiempos difíciles.
Jumlah kecil ini adalah jumlah kekayaan mereka semasa masa sukar.

Aún así, apostaron toda su fortuna contra la apuesta de Matthewson.

Namun, mereka meletakkan semua kekayaan terhadap pertaruhan Matthewson.

El equipo de diez perros fue desenganchado y se alejó del trineo.

Pasukan sepuluh anjing itu tidak diikat dan bergerak menjauhi kereta luncur.

Buck fue colocado en las riendas, vistiendo su arnés familiar.

Buck diletakkan di dalam tampuk, memakai abah-abah yang dikenalinya.

Había captado la energía de la multitud y sentía la tensión.

Dia telah menangkap tenaga orang ramai dan merasakan ketegangan itu.

De alguna manera, sabía que tenía que hacer algo por John Thornton.

Entah bagaimana, dia tahu dia perlu melakukan sesuatu untuk John Thornton.

La gente murmuraba con admiración ante la orgullosa figura del perro.

Orang ramai merungut kagum dengan figura yang dibanggakan anjing itu.

Era delgado y fuerte, sin un solo gramo de carne extra.

Dia kurus dan kuat, tanpa satu auns daging tambahan.

Su peso total de ciento cincuenta libras era todo potencia y resistencia.

Berat penuhnya seratus lima puluh paun adalah semua kekuatan dan ketahanan.

El pelaje de Buck brillaba como la seda, espeso y saludable.

Kot Buck berkilauan seperti sutera, tebal dengan kesihatan dan kekuatan.

El pelaje a lo largo de su cuello y hombros pareció levantarse y erizarse.

Bulu di leher dan bahunya kelihatan terangkat dan berbulu.

Su melena se movía levemente, cada cabello vivo con su gran energía.

surainya bergerak sedikit, setiap rambut hidup dengan tenaganya yang hebat.

Su pecho ancho y sus piernas fuertes hacían juego con su cuerpo pesado y duro.
Dadanya yang luas dan kaki yang kuat sepadan dengan kerangkanya yang berat dan keras.
Los músculos se ondulaban bajo su abrigo, tensos y firmes como hierro.
Otot-otot beralun di bawah kotnya, ketat dan tegap seperti besi yang diikat.
Los hombres lo tocaron y juraron que estaba construido como una máquina de acero.
Lelaki menyentuhnya dan bersumpah dia dibina seperti mesin keluli.
Las probabilidades bajaron levemente a dos a uno contra el gran perro.
Kemungkinan menurun sedikit kepada dua lawan satu menentang anjing hebat itu.
Un hombre de los bancos Skookum se adelantó, tartamudeando.
Seorang lelaki dari Bangku Skookum menolak ke hadapan, tergagap-gagap.
—¡Bien, señor! ¡Ofrezco ochocientas libras por él, antes del examen, señor!
"Bagus, tuan! Saya menawarkan lapan ratus untuknya—sebelum ujian, tuan!"
"¡Ochocientos, tal como está ahora mismo!" insistió el hombre.
"Lapan ratus, seperti yang dia berdiri sekarang!" lelaki itu berkeras.
Thornton dio un paso adelante, sonrió y meneó la cabeza con calma.
Thornton melangkah ke hadapan, tersenyum, dan menggelengkan kepalanya dengan tenang.
Matthewson intervino rápidamente con una voz de advertencia y el ceño fruncido.
Matthewson pantas melangkah masuk dengan suara amaran dan berkerut dahi.
—Debes alejarte de él —dijo—. Dale espacio.

"Anda mesti menjauhinya," katanya. "Beri dia ruang."
La multitud quedó en silencio; sólo los jugadores seguían ofreciendo dos a uno.
Orang ramai menjadi senyap; hanya penjudi yang masih menawarkan dua lawan satu.
Todos admiraban la complexión de Buck, pero la carga parecía demasiado grande.
Semua orang mengagumi binaan Buck, tetapi bebannya kelihatan terlalu hebat.
Veinte sacos de harina, cada uno de cincuenta libras de peso, parecían demasiados.
Dua puluh guni tepung—setiap satu berat lima puluh paun—nampak terlalu banyak.
Nadie estaba dispuesto a abrir su bolsa y arriesgar su dinero.
Tiada siapa yang sanggup membuka kantung mereka dan mempertaruhkan wang mereka.
Thornton se arrodilló junto a Buck y tomó su cabeza con ambas manos.
Thornton berlutut di sebelah Buck dan memegang kepalanya dengan kedua-dua tangannya.
Presionó su mejilla contra la de Buck y le habló al oído.
Dia menekan pipinya terhadap Buck dan bercakap ke telinganya.
Ya no había apretones juguetones ni susurros de insultos amorosos.
Tiada goncangan main-main atau bisikan penghinaan kasih sayang sekarang.
Él sólo murmuró suavemente: "Tanto como me amas, Buck".
Dia hanya merungut perlahan, "Seperti mana awak mencintai saya, Buck."
Buck dejó escapar un gemido silencioso, su entusiasmo apenas fue contenido.
Buck merengek perlahan, keghairahannya hampir tidak tertahan.
Los espectadores observaron con curiosidad cómo la tensión llenaba el aire.

Penonton memerhati dengan rasa ingin tahu apabila ketegangan memenuhi udara.

El momento parecía casi irreal, como algo más allá de la razón.

Saat itu terasa hampir tidak nyata, seperti sesuatu di luar akal.

Cuando Thornton se puso de pie, Buck tomó suavemente su mano entre sus mandíbulas.

Apabila Thornton berdiri, Buck perlahan-lahan memegang tangannya di rahangnya.

Presionó con los dientes y luego lo soltó lenta y suavemente.

Dia menekan dengan giginya, kemudian melepaskannya perlahan-lahan dan lembut.

Fue una respuesta silenciosa de amor, no dicha, pero entendida.

Ia adalah jawapan cinta senyap, tidak diucapkan, tetapi difahami.

Thornton se alejó bastante del perro y dio la señal.

Thornton berundur dengan baik dari anjing itu dan memberi isyarat.

—Ahora, Buck —dijo, y Buck respondió con calma y concentración.

"Sekarang, Buck," katanya, dan Buck menjawab dengan tenang fokus.

Buck apretó las correas y luego las aflojó unos centímetros.

Buck mengetatkan kesan itu, kemudian melonggarkannya beberapa inci.

Éste era el método que había aprendido; su manera de romper el trineo.

Inilah kaedah yang dipelajarinya; caranya untuk memecahkan kereta luncur.

—¡Caramba! —gritó Thornton con voz aguda en el pesado silencio.

"Gee!" Thornton menjerit, suaranya tajam dalam kesunyian yang berat.

Buck giró hacia la derecha y se lanzó con todo su peso.

Buck menoleh ke kanan dan menerjang dengan seluruh berat badannya.

La holgura desapareció y la masa total de Buck golpeó las cuerdas apretadas.

Kendur itu hilang, dan jisim penuh Buck mencecah kesan yang ketat.

El trineo tembló y los patines produjeron un crujido crujiente.

Kereta luncur itu bergetar, dan para pelari mengeluarkan bunyi berderak yang segar.

—¡Ja! —ordenó Thornton, cambiando nuevamente la dirección de Buck.

"Hah!" Thornton mengarahkan, beralih arah Buck sekali lagi.

Buck repitió el movimiento, esta vez tirando bruscamente hacia la izquierda.

Buck mengulangi langkah itu, kali ini menarik tajam ke kiri.

El trineo crujió más fuerte y los patines crujieron y se movieron.

Kereta luncur itu retak lebih kuat, pelari-pelari bergetar dan beralih.

La pesada carga se deslizó ligeramente hacia un lado sobre la nieve congelada.

Beban berat itu tergelincir sedikit ke tepi merentasi salji beku.

¡El trineo se había soltado del sendero helado!

Kereta luncur itu telah terlepas daripada cengkaman laluan berais!

Los hombres contenían la respiración, sin darse cuenta de que ni siquiera estaban respirando.

Lelaki menahan nafas, tidak sedar mereka tidak bernafas.

—¡Ahora, TIRA! —gritó Thornton a través del silencio helado.

"Sekarang, TARIK!" Thornton menjerit merentasi kesunyian yang membeku.

La orden de Thornton sonó aguda, como el chasquido de un látigo.

Perintah Thornton berbunyi tajam, seperti celah cemeti.

Buck se lanzó hacia adelante con una estocada feroz y estremecedora.

Buck melemparkan dirinya ke hadapan dengan lunge yang ganas dan menggelegar.
Todo su cuerpo se tensó y se arrugó por la enorme tensión.
Seluruh kerangkanya tegang dan bergelimpangan untuk tekanan yang besar.
Los músculos se ondulaban bajo su pelaje como serpientes que cobraban vida.
Otot-otot beralun di bawah bulunya seperti ular yang hidup.
Su gran pecho estaba bajo y la cabeza estirada hacia delante, hacia el trineo.
Dada besarnya rendah, kepala dihulurkan ke hadapan ke arah kereta luncur.
Sus patas se movían como un rayo y sus garras cortaban el suelo helado.
Cakarnya bergerak seperti kilat, cakar menghiris tanah beku.
Los surcos se abrieron profundos mientras luchaba por cada centímetro de tracción.
Alur dipotong dalam ketika dia bertarung untuk setiap inci cengkaman.
El trineo se balanceó, tembló y comenzó un movimiento lento e inquieto.
Kereta luncur itu bergoyang, menggeletar, dan memulakan gerakan perlahan dan tidak selesa.
Un pie resbaló y un hombre entre la multitud gimió en voz alta.
Satu kaki tergelincir, dan seorang lelaki di antara orang ramai mengerang kuat.
Entonces el trineo se lanzó hacia adelante con un movimiento brusco y espasmódico.
Kemudian kereta luncur itu meluncur ke hadapan dengan gerakan kasar yang menyentak.
No se detuvo de nuevo: media pulgada... una pulgada... dos pulgadas más.
Ia tidak berhenti lagi—setengah inci...satu inci...dua inci lagi.
Los tirones se hicieron más pequeños a medida que el trineo empezó a ganar velocidad.

Jeritan menjadi lebih kecil apabila kereta luncur mula mengumpul laju.

Pronto Buck estaba tirando con una potencia suave, uniforme y rodante.
Tidak lama kemudian Buck telah menarik dengan licin, sekata, kuasa rolling.

Los hombres jadearon y finalmente recordaron respirar de nuevo.
Lelaki tercungap-cungap dan akhirnya teringat untuk bernafas semula.

No se habían dado cuenta de que su respiración se había detenido por el asombro.
Mereka tidak perasan nafas mereka terhenti kerana kagum.

Thornton corrió detrás, gritando órdenes breves y alegres.
Thornton berlari ke belakang, memanggil arahan pendek dan ceria.

Más adelante había una pila de leña que marcaba la distancia.
Di hadapan adalah timbunan kayu api yang menandakan jarak.

A medida que Buck se acercaba a la pila, los vítores se hacían cada vez más fuertes.
Apabila Buck menghampiri timbunan itu, sorakan semakin kuat dan kuat.

Los aplausos aumentaron hasta convertirse en un rugido cuando Buck pasó el punto final.
Sorak sorakan menjadi gemuruh apabila Buck melepasi titik akhir.

Los hombres saltaron y gritaron, incluso Matthewson sonrió.
Lelaki melompat dan menjerit, malah Matthewson tersengih.

Los sombreros volaron por el aire y los guantes fueron arrojados sin pensar ni rumbo.
Topi terbang ke udara, sarung tangan dibaling tanpa berfikir atau tujuan.

Los hombres se abrazaron y se dieron la mano sin saber a quién.

Lelaki berpegangan tangan dan berjabat tangan tanpa mengetahui siapa.

Toda la multitud vibró en una celebración salvaje y alegre.

Seluruh orang ramai berdengung dalam perayaan yang liar dan meriah.

Thornton cayó de rodillas junto a Buck con manos temblorosas.

Thornton jatuh berlutut di sebelah Buck dengan tangan yang menggeletar.

Apretó su cabeza contra la de Buck y lo sacudió suavemente hacia adelante y hacia atrás.

Dia menekan kepalanya ke Buck dan menggoncangnya perlahan-lahan ke belakang dan sebagainya.

Los que se acercaron le oyeron maldecir al perro con silencioso amor.

Mereka yang mendekati mendengar dia mengutuk anjing itu dengan cinta yang tenang.

Maldijo a Buck durante un largo rato, suavemente, cálidamente, con emoción.

Dia menyumpah Buck untuk masa yang lama—lembut, mesra, dengan emosi.

—¡Bien, señor! ¡Bien, señor! —gritó el rey del Banco Skookum a toda prisa.

"Baik, tuan! Baik, tuan!" jerit raja Bangku Skookum dengan tergesa-gesa.

—¡Le daré mil, no, mil doscientos, por ese perro, señor!

"Saya akan beri seribu—tidak, dua belas ratus—untuk anjing itu, tuan!"

Thornton se puso de pie lentamente, con los ojos brillantes de emoción.

Thornton bangun perlahan-lahan, matanya bersinar dengan emosi.

Las lágrimas corrían abiertamente por sus mejillas sin ninguna vergüenza.

Air matanya mengalir secara terbuka di pipinya tanpa rasa malu.

"Señor", le dijo al rey del Banco Skookum, firme y firme.

"Tuan," katanya kepada raja Bangku Skookum, mantap dan tegas

—No, señor. Puede irse al infierno, señor. Esa es mi última respuesta.

"Tidak, tuan. Anda boleh pergi ke neraka, tuan. Itu jawapan terakhir saya."

Buck agarró suavemente la mano de Thornton con sus fuertes mandíbulas.

Buck menggenggam tangan Thornton dengan lembut di rahangnya yang kuat.

Thornton lo sacudió juguetonamente; su vínculo era más profundo que nunca.

Thornton menggoncangnya secara main-main, ikatan mereka dalam seperti biasa.

La multitud, conmovida por el momento, retrocedió en silencio.

Orang ramai, tergerak seketika, berundur ke belakang dalam diam.

Desde entonces nadie se atrevió a interrumpir tan sagrado afecto.

Sejak itu, tiada siapa yang berani mengganggu kasih sayang yang suci itu.

El sonido de la llamada
Bunyi Panggilan

Buck había ganado mil seiscientos dólares en cinco minutos.
Buck telah memperoleh enam belas ratus dolar dalam masa lima minit.

El dinero permitió a John Thornton pagar algunas de sus deudas.
Wang itu membolehkan John Thornton membayar beberapa hutangnya.

Con el resto del dinero se dirigió al Este con sus socios.
Dengan wang yang selebihnya dia menuju ke Timur bersama rakan kongsinya.

Buscaban una legendaria mina perdida, tan antigua como el país mismo.
Mereka mencari lombong yang hilang, setua negara itu sendiri.

Muchos hombres habían buscado la mina, pero pocos la habían encontrado.
Ramai lelaki telah mencari lombong itu, tetapi hanya sedikit yang pernah menemuinya.

Más de unos pocos hombres habían desaparecido durante la peligrosa búsqueda.
Lebih daripada beberapa lelaki telah hilang semasa pencarian berbahaya.

Esta mina perdida estaba envuelta en misterio y vieja tragedia.
Lombong yang hilang ini dibalut dengan misteri dan tragedi lama.

Nadie sabía quién había sido el primer hombre que encontró la mina.
Tiada siapa yang tahu siapa lelaki pertama yang menemui lombong itu.

Las historias más antiguas no mencionan a nadie por su nombre.
Cerita tertua tidak menyebut nama sesiapa.

Siempre había habido allí una antigua y destartalada cabaña.
Sentiasa ada kabin kuno yang bobrok di sana.
Los hombres moribundos habían jurado que había una mina al lado de aquella vieja cabaña.
Lelaki yang hampir mati telah bersumpah ada lombong di sebelah kabin lama itu.
Probaron sus historias con oro como ningún otro en ningún otro lugar.
Mereka membuktikan kisah mereka dengan emas seperti tiada di tempat lain.
Ningún alma viviente había jamás saqueado el tesoro de aquel lugar.
Tiada jiwa yang hidup pernah menjarah harta dari tempat itu.
Los muertos estaban muertos, y los muertos no cuentan historias.
Orang mati telah mati, dan orang mati tidak menceritakan kisah.
Entonces Thornton y sus amigos se dirigieron al Este.
Jadi Thornton dan rakan-rakannya menuju ke Timur.
Pete y Hans se unieron, trayendo a Buck y seis perros fuertes.
Pete dan Hans menyertai, membawa Buck dan enam anjing yang kuat.
Se embarcaron en un camino desconocido donde otros habían fracasado.
Mereka memulakan laluan yang tidak diketahui di mana orang lain telah gagal.
Se deslizaron en trineo setenta millas por el congelado río Yukón.
Mereka meluncur tujuh puluh batu ke atas Sungai Yukon yang beku.
Giraron a la izquierda y siguieron el sendero hacia Stewart.
Mereka membelok ke kiri dan mengikut jejak ke Stewart.
Pasaron Mayo y McQuestion y siguieron adelante.
Mereka melepasi Mayo dan McQuestion, menekan lebih jauh.

El río Stewart se encogió y se convirtió en un arroyo, atravesando picos irregulares.
Stewart menyusut ke dalam sungai, menjalar puncak bergerigi.
Estos picos afilados marcaban la columna vertebral del continente.
Puncak tajam ini menandakan tulang belakang benua itu.
John Thornton exigía poco a los hombres y a la tierra salvaje.
John Thornton menuntut sedikit daripada manusia atau tanah liar.
No temía a nada de la naturaleza y se enfrentaba a lo salvaje con facilidad.
Dia tidak takut apa-apa dalam alam semula jadi dan menghadapi alam liar dengan mudah.
Con sólo sal y un rifle, podría viajar a donde quisiera.
Dengan hanya garam dan senapang, dia boleh pergi ke mana-mana yang dia mahu.
Al igual que los nativos, cazaba alimentos mientras viajaba.
Seperti orang asli, dia memburu makanan semasa dia mengembara.
Si no pescaba nada, seguía adelante, confiando en que la suerte le acompañaría.
Jika dia tidak menangkap apa-apa, dia terus berjalan, mempercayai nasib di hadapan.
En este largo viaje, la carne era lo principal que comían.
Dalam perjalanan yang jauh ini, daging menjadi makanan utama mereka.
El trineo contenía herramientas y municiones, pero no un horario estricto.
Kereta luncur itu menyimpan alatan dan peluru, tetapi tiada jadual waktu yang ketat.
A Buck le encantaba este vagabundeo, la caza y la pesca interminables.
Buck suka mengembara ini; pemburuan dan memancing yang tidak berkesudahan.
Durante semanas estuvieron viajando día tras día.

Selama berminggu-minggu mereka mengembara hari demi hari.

Otras veces montaban campamentos y permanecían allí durante semanas.

Pada masa lain mereka membuat perkhemahan dan diam selama berminggu-minggu.

Los perros descansaron mientras los hombres cavaban en la tierra congelada.

Anjing-anjing itu berehat sementara lelaki itu menggali tanah beku.

Calentaron sartenes sobre el fuego y buscaron oro escondido.

Mereka memanaskan kuali di atas api dan mencari emas tersembunyi.

Algunos días pasaban hambre y otros días tenían fiestas.

Beberapa hari mereka kelaparan, dan beberapa hari mereka mengadakan pesta.

Sus comidas dependían de la presa y de la suerte de la caza.

Makanan mereka bergantung kepada permainan dan nasib memburu.

Cuando llegaba el verano, los hombres y los perros cargaban cargas sobre sus espaldas.

Apabila musim panas tiba, lelaki dan anjing membungkus beban di belakang mereka.

Navegaron por lagos azules escondidos en bosques de montaña.

Mereka berakit melintasi tasik biru yang tersembunyi di dalam hutan gunung.

Navegaban en delgadas embarcaciones por ríos que ningún hombre había cartografiado jamás.

Mereka melayari bot tipis di sungai yang tidak pernah dipetakan oleh manusia.

Esos barcos se construyeron a partir de árboles que cortaban en la naturaleza.

Bot-bot itu dibina daripada pokok yang mereka gergaji di alam liar.

Los meses pasaron y ellos serpentearon por tierras salvajes y desconocidas.
Bulan berlalu, dan mereka berpusing melalui tanah liar yang tidak diketahui.

No había hombres allí, aunque había rastros antiguos que indicaban que había habido hombres.
Tiada lelaki di sana, namun kesan lama membayangkan bahawa lelaki telah berada.

Si la Cabaña Perdida fue real, entonces otras personas habían pasado por allí alguna vez.
Jika Lost Cabin adalah benar, maka yang lain pernah datang ke arah ini.

Cruzaron pasos altos en medio de tormentas de nieve, incluso en verano.
Mereka melintasi laluan tinggi dalam badai salji, walaupun semasa musim panas.

Temblaban bajo el sol de medianoche en las laderas desnudas de las montañas.
Mereka menggigil di bawah matahari tengah malam di lereng gunung yang kosong.

Entre la línea de árboles y los campos de nieve, subieron lentamente.
Di antara garisan pokok dan padang salji, mereka memanjat perlahan-lahan.

En los valles cálidos, aplastaban nubes de mosquitos y moscas.
Di lembah yang hangat, mereka memukul awan agas dan lalat.

Recogieron bayas dulces cerca de los glaciares en plena floración del verano.
Mereka memetik buah beri manis berhampiran glasier pada musim panas penuh mekar.

Las flores que encontraron eran tan hermosas como las de las Tierras del Sur.
Bunga-bunga yang mereka temui sangat cantik seperti yang terdapat di Southland.

Ese otoño llegaron a una región solitaria llena de lagos silenciosos.
Musim luruh itu mereka sampai ke kawasan sunyi yang penuh dengan tasik yang sunyi.
La tierra estaba triste y vacía, una vez llena de pájaros y bestias.
Tanah itu sedih dan kosong, pernah hidup dengan burung dan binatang.
Ahora no había vida, sólo el viento y el hielo formándose en charcos.
Kini tiada kehidupan, hanya angin dan ais yang terbentuk di dalam kolam.
Las olas golpeaban las orillas vacías con un sonido suave y triste.
Ombak menyambar pantai kosong dengan bunyi yang lembut dan memilukan.

Llegó otro invierno y volvieron a seguir los viejos y tenues senderos.
Musim sejuk yang lain datang, dan mereka mengikuti jejak lama yang samar lagi.
Éstos eran los rastros de hombres que habían buscado mucho antes que ellos.
Ini adalah jejak lelaki yang telah mencari jauh sebelum mereka.
Un día encontraron un camino que se adentraba profundamente en el bosque oscuro.
Sebaik sahaja mereka menemui jalan yang dipotong jauh ke dalam hutan yang gelap.
Era un sendero antiguo y sintieron que la cabaña perdida estaba cerca.
Ia adalah laluan lama, dan mereka merasakan kabin yang hilang itu sudah dekat.
Pero el sendero no conducía a ninguna parte y se perdía en el espeso bosque.
Tetapi laluan itu tidak menghala ke mana-mana dan memudar ke dalam hutan tebal.

Nadie sabe quién hizo el sendero ni por qué lo hizo.
Siapa yang membuat jejak, dan mengapa mereka membuatnya, tiada siapa yang tahu.
Más tarde encontraron los restos de una cabaña escondidos entre los árboles.
Kemudian, mereka menjumpai bangkai sebuah pondok yang tersembunyi di antara pokok.
Mantas podridas yacían esparcidas donde alguna vez alguien había dormido.
Selimut reput terletak berselerak di tempat seseorang pernah tidur.
John Thornton encontró una pistola de chispa de cañón largo enterrada en el interior.
John Thornton menemui sebatang batu api berlaras panjang yang tertanam di dalamnya.
Sabía que se trataba de un cañón de la Bahía de Hudson desde los primeros días de su comercialización.
Dia tahu ini adalah pistol Hudson Bay dari awal perdagangan.
En aquella época, estas armas se intercambiaban por montones de pieles de castor.
Pada masa itu senjata api seperti itu dijual beli untuk timbunan kulit memerang.
Eso fue todo: no quedó ninguna pista del hombre que construyó el albergue.
Itu sahaja—tiada petunjuk yang tinggal tentang lelaki yang membina rumah persinggahan itu.

Llegó nuevamente la primavera y no encontraron ninguna señal de la Cabaña Perdida.
Musim bunga datang lagi, dan mereka tidak menemui sebarang tanda Kabin Hilang.
En lugar de eso encontraron un valle amplio con un arroyo poco profundo.
Sebaliknya mereka menemui sebuah lembah yang luas dengan sungai yang cetek.
El oro se extendía sobre el fondo de las sartenes como mantequilla suave y amarilla.

Emas terletak di bahagian bawah kuali seperti mentega kuning licin.

Se detuvieron allí y no buscaron más la cabaña.
Mereka berhenti di situ dan tidak mencari lebih jauh lagi ke kabin.

Cada día trabajaban y encontraban miles en polvo de oro.
Setiap hari mereka bekerja dan mendapati beribu-ribu dalam debu emas.

Empaquetaron el oro en bolsas de piel de alce, de cincuenta libras cada una.
Mereka membungkus emas itu ke dalam beg kulit moose-hide, lima puluh paun setiap satu.

Las bolsas estaban apiladas como leña afuera de su pequeña cabaña.
Beg-beg itu disusun seperti kayu api di luar pondok kecil mereka.

Trabajaron como gigantes y los días pasaban como sueños rápidos.
Mereka bekerja seperti gergasi, dan hari-hari berlalu seperti mimpi yang cepat.

Acumularon tesoros a medida que los días interminables transcurrían rápidamente.
Mereka mengumpul harta ketika hari-hari yang tidak berkesudahan berlalu dengan pantas.

Los perros no tenían mucho que hacer excepto transportar carne de vez en cuando.
Tidak banyak yang boleh dilakukan oleh anjing kecuali mengangkut daging dari semasa ke semasa.

Thornton cazó y mató el animal, y Buck se quedó tendido junto al fuego.
Thornton memburu dan membunuh permainan itu, dan Buck berbaring di tepi api.

Pasó largas horas en silencio, perdido en sus pensamientos y recuerdos.
Dia menghabiskan masa yang lama dalam diam, hilang dalam pemikiran dan ingatan.

La imagen del hombre peludo venía cada vez más a la mente de Buck.
Imej lelaki berbulu itu lebih kerap muncul di fikiran Buck.
Ahora que el trabajo escaseaba, Buck soñaba mientras parpadeaba ante el fuego.
Sekarang kerja itu sukar didapati, Buck bermimpi sambil mengedipkan mata melihat api.
En esos sueños, Buck vagaba con el hombre en otro mundo.
Dalam mimpi itu, Buck mengembara bersama lelaki itu di dunia lain.
El miedo parecía el sentimiento más fuerte en ese mundo distante.
Ketakutan seolah-olah perasaan yang paling kuat di dunia yang jauh itu.
Buck vio al hombre peludo dormir con la cabeza gacha.
Buck melihat lelaki berbulu itu tidur dengan kepala tertunduk rendah.
Tenía las manos entrelazadas y su sueño era inquieto y entrecortado.
Tangannya digenggam, dan tidurnya tidak lena dan patah.
Solía despertarse sobresaltado y mirar con miedo hacia la oscuridad.
Dia biasa bangun dengan mula dan merenung ketakutan ke dalam kegelapan.
Luego echaba más leña al fuego para mantener la llama brillante.
Kemudian dia akan melemparkan lebih banyak kayu ke atas api untuk memastikan nyalaan tetap terang.
A veces caminaban por una playa junto a un mar gris e interminable.
Kadang-kadang mereka berjalan di sepanjang pantai di tepi laut kelabu yang tidak berkesudahan.
El hombre peludo recogía mariscos y los comía mientras caminaba.
Lelaki berbulu itu memetik kerang dan memakannya sambil berjalan.
Sus ojos buscaban siempre peligros ocultos en las sombras.

Matanya sentiasa mencari bahaya tersembunyi dalam bayang-bayang.

Sus piernas siempre estaban listas para correr ante la primera señal de amenaza.

Kakinya sentiasa bersedia untuk pecut pada tanda pertama ancaman.

Se arrastraron por el bosque, silenciosos y cautelosos, uno al lado del otro.

Mereka merayap melalui hutan, senyap dan berhati-hati, bersebelahan.

Buck lo siguió de cerca y ambos se mantuvieron alerta.

Buck mengikuti pada tumitnya, dan kedua-dua mereka kekal berjaga-jaga.

Sus orejas se movían y temblaban, sus narices olfateaban el aire.

Telinga mereka berkedut dan bergerak, hidung mereka menghidu udara.

El hombre podía oír y oler el bosque tan agudamente como Buck.

Lelaki itu dapat mendengar dan menghidu hutan setajam Buck.

El hombre peludo se balanceó entre los árboles con una velocidad repentina.

Lelaki berbulu itu menghayun melalui pokok dengan laju secara tiba-tiba.

Saltaba de rama en rama sin perder nunca su agarre.

Dia melompat dari dahan ke dahan, tidak pernah terlepas genggamannya.

Se movió tan rápido sobre el suelo como sobre él.

Dia bergerak sepantas di atas tanah seperti yang dia lakukan di atasnya.

Buck recordó las largas noches bajo los árboles, haciendo guardia.

Buck teringat malam-malam yang panjang di bawah pokok, berjaga-jaga.

El hombre dormía recostado en las ramas, aferrado fuertemente.

Lelaki itu tidur bertengger di dahan, berpaut erat.
Esta visión del hombre peludo estaba estrechamente ligada al llamado profundo.
Penglihatan lelaki berbulu ini diikat rapat dengan panggilan yang dalam.
El llamado aún resonaba en el bosque con una fuerza inquietante.
Panggilan itu masih kedengaran melalui hutan dengan kekuatan yang menghantui.
La llamada llenó a Buck de anhelo y una inquieta sensación de alegría.
Panggilan itu memenuhi Buck dengan kerinduan dan rasa gembira yang tidak tenang.
Sintió impulsos y agitaciones extrañas que no podía nombrar.
Dia merasakan desakan dan kacau pelik yang tidak dapat dia namakan.
A veces seguía la llamada hasta lo profundo del tranquilo bosque.
Kadang-kadang dia mengikut panggilan itu jauh ke dalam hutan yang sunyi.
Buscó el llamado, ladrando suave o agudamente mientras caminaba.
Dia mencari panggilan itu, menyalak lembut atau tajam semasa dia pergi.
Olfateó el musgo y la tierra negra donde crecían las hierbas.
Dia menghidu lumut dan tanah hitam tempat rumput tumbuh.
Resopló de alegría ante los ricos olores de la tierra profunda.
Dia mendengus gembira melihat bau harum dari bumi yang dalam.
Se agazapó durante horas detrás de troncos cubiertos de hongos.
Dia merengkok berjam-jam di belakang batang yang diliputi kulat.
Se quedó quieto, escuchando con los ojos muy abiertos cada pequeño sonido.

Dia diam, mendengar dengan mata terbeliak setiap bunyi kecil.
Quizás esperaba sorprender al objeto que le había hecho el llamado.
Dia mungkin berharap untuk mengejutkan perkara yang membuat panggilan itu.
Él no sabía por qué actuaba así: simplemente lo hacía.
Dia tidak tahu mengapa dia bertindak begini—dia begitu sahaja.
Los impulsos venían desde lo más profundo, más allá del pensamiento o la razón.
Desakan datang dari dalam, di luar pemikiran atau akal.
Impulsos irresistibles se apoderaron de Buck sin previo aviso ni razón.
Desakan yang tidak dapat ditahan menguasai Buck tanpa amaran atau alasan.
A veces dormitaba perezosamente en el campamento bajo el calor del mediodía.
Ada kalanya dia tertidur dengan malas di kem di bawah panas tengah hari.
De repente, su cabeza se levantó y sus orejas se levantaron en alerta.
Tiba-tiba, kepalanya diangkat dan telinganya berjaga-jaga.
Entonces se levantó de un salto y se lanzó hacia lo salvaje sin detenerse.
Kemudian dia melompat dan berlari ke dalam hutan tanpa jeda.
Corrió durante horas por senderos forestales y espacios abiertos.
Dia berlari berjam-jam melalui laluan hutan dan kawasan lapang.
Le encantaba seguir los lechos de los arroyos secos y espiar a los pájaros en los árboles.
Dia suka mengikut anak sungai kering dan mengintip burung di pokok.
Podría permanecer escondido todo el día, mirando a las perdices pavonearse.

Dia boleh berbaring bersembunyi sepanjang hari, memerhati ayam hutan yang berkeliaran.

Ellos tamborilearon y marcharon, sin percatarse de la presencia todavía de Buck.

Mereka bergendang dan berarak, tanpa menyedari kehadiran Buck.

Pero lo que más le gustaba era correr al atardecer en verano.

Tetapi apa yang paling dia suka adalah berlari pada waktu senja pada musim panas.

La tenue luz y los sonidos soñolientos del bosque lo llenaron de alegría.

Cahaya malap dan bunyi hutan yang mengantuk memenuhi dia dengan kegembiraan.

Leyó las señales del bosque tan claramente como un hombre lee un libro.

Dia membaca papan tanda hutan dengan jelas seperti seorang lelaki membaca buku.

Y siempre buscaba aquella cosa extraña que lo llamaba.

Dan dia sentiasa mencari perkara aneh yang memanggilnya.

Ese llamado nunca se detuvo: lo alcanzaba despierto o dormido.

Panggilan itu tidak pernah berhenti—ia sampai kepadanya semasa bangun atau tidur.

Una noche, se despertó sobresaltado, con los ojos alerta y las orejas alerta.

Pada suatu malam, dia bangun dengan terkejut, matanya tajam dan telinga tinggi.

Sus fosas nasales se crisparon mientras su melena se erizaba en ondas.

Lubang hidungnya berkedut apabila surainya berdiri berbulu di ombak.

Desde lo profundo del bosque volvió a oírse el sonido, el viejo llamado.

Dari dalam hutan terdengar lagi bunyi, panggilan lama.

Esta vez el sonido sonó claro, un aullido largo, inquietante y familiar.

Kali ini bunyi itu berbunyi dengan jelas, lolongan yang panjang, menghantui dan biasa.

Era como el grito de un husky, pero extraño y salvaje en tono.

Ia seperti tangisan serak, tetapi nadanya aneh dan liar.

Buck reconoció el sonido al instante: había oído exactamente el mismo sonido hacía mucho tiempo.

Buck tahu bunyi itu sekali gus-dia telah mendengar bunyi yang tepat sejak dahulu lagi.

Saltó a través del campamento y desapareció rápidamente en el bosque.

Dia melompat melalui kem dan lenyap dengan pantas ke dalam hutan.

A medida que se acercaba al sonido, disminuyó la velocidad y se movió con cuidado.

Semasa dia menghampiri bunyi itu, dia perlahan dan bergerak dengan berhati-hati.

Pronto llegó a un claro entre espesos pinos.

Tidak lama kemudian dia mencapai kawasan lapang di antara pokok pain tebal.

Allí, erguido sobre sus cuartos traseros, estaba sentado un lobo de bosque alto y delgado.

Di sana, tegak di atas badannya, duduk seekor serigala kayu yang tinggi dan kurus.

La nariz del lobo apuntaba hacia el cielo, todavía haciendo eco del llamado.

Hidung serigala itu menghala ke langit, masih bergema panggilan itu.

Buck no había emitido ningún sonido, pero el lobo se detuvo y escuchó.

Buck tidak mengeluarkan bunyi, namun serigala itu berhenti dan mendengar.

Sintiendo algo, el lobo se tensó y buscó en la oscuridad.

Merasakan sesuatu, serigala itu tegang, mencari kegelapan.

Buck apareció sigilosamente, con el cuerpo agachado y los pies quietos sobre el suelo.

Buck merayap ke dalam pandangan, badan rendah, kaki tenang di atas tanah.

Su cola estaba recta y su cuerpo enroscado por la tensión.
Ekornya lurus, badannya dililit ketat dengan ketegangan.

Mostró al mismo tiempo una amenaza y una especie de amistad ruda.
Dia menunjukkan kedua-dua ancaman dan sejenis persahabatan yang kasar.

Fue el saludo cauteloso que compartían las bestias salvajes.
Itu adalah ucapan berhati-hati yang dikongsi oleh binatang liar.

Pero el lobo se dio la vuelta y huyó tan pronto como vio a Buck.
Tetapi serigala itu berpaling dan melarikan diri sebaik sahaja ia melihat Buck.

Buck lo persiguió, saltando salvajemente, ansioso por alcanzarlo.
Buck mengejar, melompat liar, tidak sabar-sabar untuk memintasnya.

Siguió al lobo hasta un arroyo seco bloqueado por un atasco de madera.
Dia mengikut serigala itu ke dalam anak sungai kering yang terhalang oleh jem kayu.

Acorralado, el lobo giró y se mantuvo firme.
Tersentak, serigala itu berpusing dan berdiri di atas tanah.

El lobo gruñó y mordió a su presa como un perro husky atrapado en una pelea.
Serigala itu menggeram dan membentak seperti anjing serak yang terperangkap dalam pergaduhan.

Los dientes del lobo chasquearon rápidamente y su cuerpo se erizó de furia salvaje.
Gigi serigala itu berdegup laju, badannya berbulu-bulu dengan amarah liar.

Buck no atacó, sino que rodeó al lobo con cautelosa amabilidad.
Buck tidak menyerang tetapi mengelilingi serigala dengan keramahan yang berhati-hati.

Intentó bloquear su escape con movimientos lentos e inofensivos.
Dia cuba menghalang pelariannya dengan pergerakan perlahan dan tidak berbahaya.
El lobo estaba cauteloso y asustado: Buck pesaba tres veces más que él.
Serigala itu berhati-hati dan takut-Buck melebihi beratnya tiga kali ganda.
La cabeza del lobo apenas llegaba hasta el enorme hombro de Buck.
Kepala serigala itu hampir tidak sampai ke bahu Buck yang besar.
Al acecho de un hueco, el lobo salió disparado y la persecución comenzó de nuevo.
Melihat celah, serigala itu berlari dan pengejaran bermula semula.
Varias veces Buck lo acorraló y el baile se repitió.
Beberapa kali Buck menyudutnya, dan tarian itu berulang.
El lobo estaba delgado y débil, de lo contrario Buck no podría haberlo atrapado.
Serigala itu kurus dan lemah, atau Buck tidak dapat menangkapnya.
Cada vez que Buck se acercaba, el lobo giraba y lo enfrentaba con miedo.
Setiap kali Buck mendekat, serigala itu berpusing dan menghadapinya dalam ketakutan.
Luego, a la primera oportunidad, se lanzó de nuevo al bosque.
Kemudian pada peluang pertama, dia berlari ke dalam hutan sekali lagi.
Pero Buck no se dio por vencido y finalmente el lobo comenzó a confiar en él.
Tetapi Buck tidak berputus asa, dan akhirnya serigala itu mempercayainya.
Olió la nariz de Buck y los dos se pusieron juguetones y alertas.

Dia menghidu hidung Buck, dan kedua-duanya menjadi suka bermain dan berjaga-jaga.

Jugaban como animales salvajes, feroces pero tímidos en su alegría.
Mereka bermain seperti binatang liar, garang lagi malu dalam kegembiraan mereka.

Después de un rato, el lobo se alejó trotando con calma y propósito.
Selepas beberapa ketika, serigala itu berlari dengan tujuan yang tenang.

Le demostró claramente a Buck que tenía la intención de que lo siguieran.
Dia jelas menunjukkan Buck bahawa dia bermaksud untuk diikuti.

Corrieron uno al lado del otro a través de la penumbra del crepúsculo.
Mereka berlari beriringan melalui kesuraman senja.

Siguieron el lecho del arroyo hasta el desfiladero rocoso.
Mereka mengikuti dasar anak sungai sehingga ke dalam gaung berbatu.

Cruzaron una divisoria fría donde había comenzado el arroyo.
Mereka menyeberangi jurang sejuk di mana aliran itu bermula.

En la ladera más alejada encontraron un extenso bosque y numerosos arroyos.
Di lereng yang jauh mereka menemui hutan yang luas dan banyak sungai.

Por esta vasta tierra corrieron durante horas sin parar.
Melalui tanah yang luas ini, mereka berlari berjam-jam tanpa henti.

El sol salió más alto, el aire se calentó, pero ellos siguieron corriendo.
Matahari naik lebih tinggi, udara menjadi hangat, tetapi mereka terus berjalan.

Buck estaba lleno de alegría: sabía que estaba respondiendo a su llamado.

Buck dipenuhi dengan kegembiraan-dia tahu dia menjawab panggilannya.

Corrió junto a su hermano del bosque, más cerca de la fuente del llamado.

Dia berlari di sebelah abang hutannya, lebih dekat dengan sumber panggilan.

Los viejos sentimientos regresaron, poderosos y difíciles de ignorar.

Perasaan lama kembali, kuat dan sukar untuk diabaikan.

Éstas eran las verdades detrás de los recuerdos de sus sueños.

Ini adalah kebenaran di sebalik kenangan dari mimpinya.

Todo esto ya lo había hecho antes, en un mundo distante y sombrío.

Dia telah melakukan semua ini sebelum ini di dunia yang jauh dan gelap.

Ahora lo hizo de nuevo, corriendo salvajemente con el cielo abierto encima.

Sekarang dia melakukan ini lagi, berlari liar dengan langit terbuka di atas.

Se detuvieron en un arroyo para beber del agua fría que fluía.

Mereka berhenti di sebatang sungai untuk minum air yang mengalir sejuk.

Mientras bebía, Buck de repente recordó a John Thornton.

Semasa dia minum, Buck tiba-tiba teringat John Thornton.

Se sentó en silencio, desgarrado por la atracción de la lealtad y el llamado.

Dia duduk dalam diam, terkoyak oleh tarikan kesetiaan dan panggilan.

El lobo siguió trotando, pero regresó para impulsar a Buck a seguir adelante.

Serigala itu berlari, tetapi kembali untuk mendesak Buck ke hadapan.

Le olisqueó la nariz y trató de convencerlo con gestos suaves.

Dia menghidu hidungnya dan cuba memujuknya dengan isyarat lembut.

Pero Buck se dio la vuelta y comenzó a regresar por donde había venido.
Tetapi Buck berpaling dan mula kembali cara dia datang.
El lobo corrió a su lado durante un largo rato, gimiendo silenciosamente.
Serigala itu berlari di sebelahnya untuk masa yang lama, merengek perlahan.
Luego se sentó, levantó la nariz y dejó escapar un largo aullido.
Kemudian dia duduk, mengangkat hidungnya, dan melolong panjang.
Fue un grito triste, que se suavizó cuando Buck se alejó.
Ia adalah tangisan yang menyedihkan, melembutkan apabila Buck berlalu pergi.
Buck escuchó mientras el sonido del grito se desvanecía lentamente en el silencio del bosque.
Buck mendengar apabila bunyi tangisan itu perlahan-lahan memudar ke dalam kesunyian hutan.
John Thornton estaba cenando cuando Buck irrumpió en el campamento.
John Thornton sedang makan malam apabila Buck menyerbu ke dalam kem.
Buck saltó sobre él salvajemente, lamiéndolo, mordiéndolo y haciéndolo caer.
Buck melompat kepadanya liar, menjilat, menggigit, dan jatuh dia.
Lo derribó, se subió encima y le besó la cara.
Dia mengetuknya, berebut ke atas, dan mencium mukanya.
Thornton lo llamó con cariño "hacer el tonto en general".
Thornton memanggil ini "bermain tom-fool umum" dengan kasih sayang.
Mientras tanto, maldijo a Buck suavemente y lo sacudió de un lado a otro.
Sepanjang masa, dia mengutuk Buck perlahan-lahan dan menggoncangnya ke sana ke mari.
Durante dos días y dos noches enteras, Buck no abandonó el campamento ni una sola vez.

Selama dua hari dan malam penuh, Buck tidak pernah meninggalkan kem itu sekali.
Se mantuvo cerca de Thornton y nunca lo perdió de vista.
Dia terus dekat dengan Thornton dan tidak pernah melepaskannya dari pandangannya.
Lo siguió mientras trabajaba y lo observó mientras comía.
Dia mengikutinya semasa dia bekerja dan memerhatikannya semasa dia makan.
Acompañaba a Thornton con sus mantas por la noche y lo salía cada mañana.
Dia melihat Thornton masuk ke dalam selimutnya pada waktu malam dan keluar setiap pagi.
Pero pronto el llamado del bosque regresó, más fuerte que nunca.
Tetapi tidak lama kemudian panggilan hutan kembali, lebih kuat daripada sebelumnya.
Buck volvió a inquietarse, agitado por los pensamientos del lobo salvaje.
Buck menjadi resah semula, dikacau oleh pemikiran serigala liar.
Recordó el terreno abierto y correr uno al lado del otro.
Dia teringat tanah lapang dan berlari beriringan.
Comenzó a vagar por el bosque una vez más, solo y alerta.
Dia mula mengembara ke dalam hutan sekali lagi, bersendirian dan berjaga-jaga.
Pero el hermano salvaje no regresó y el aullido no se escuchó.
Tetapi saudara liar itu tidak kembali, dan lolongan tidak kedengaran.
Buck comenzó a dormir a la intemperie, manteniéndose alejado durante días.
Buck mula tidur di luar, menjauhkan diri selama beberapa hari pada satu masa.
Una vez cruzó la alta divisoria donde había comenzado el arroyo.
Sebaik sahaja dia melintasi jurang yang tinggi di mana anak sungai itu bermula.

Entró en la tierra de la madera oscura y de los arroyos anchos y fluidos.
Dia memasuki negeri kayu yang gelap dan sungai yang mengalir luas.
Durante una semana vagó en busca de señales del hermano salvaje.
Seminggu dia berkeliaran, mencari tanda-tanda abang liar itu.
Mataba su propia carne y viajaba con pasos largos e incansables.
Dia membunuh dagingnya sendiri dan mengembara dengan langkah yang panjang tanpa jemu.
Pescaba salmón en un ancho río que llegaba al mar.
Dia memancing ikan salmon di sungai yang luas yang sampai ke laut.
Allí luchó y mató a un oso negro enloquecido por los insectos.
Di sana, dia melawan dan membunuh seekor beruang hitam yang gila oleh pepijat.
El oso estaba pescando y corrió ciegamente entre los árboles.
Beruang itu telah memancing dan berlari membuta tuli melalui pokok.
La batalla fue feroz y despertó el profundo espíritu de lucha de Buck.
Pertempuran itu sengit, membangkitkan semangat juang Buck yang mendalam.
Dos días después, Buck regresó y encontró glotones en su presa.
Dua hari kemudian, Buck kembali untuk mencari serigala semasa membunuhnya.
Una docena de ellos se pelearon con furia y ruidosidad por la carne.
Sedozen daripada mereka bergaduh mengenai daging dalam kemarahan yang bising.
Buck cargó y los dispersó como hojas en el viento.
Buck menyerbu dan menghamburkan mereka seperti daun ditiup angin.

Dos lobos permanecieron atrás, silenciosos, sin vida e inmóviles para siempre.
Dua serigala kekal di belakang—senyap, tidak bermaya, dan tidak bergerak selama-lamanya.

La sed de sangre se hizo más fuerte que nunca.
Kehausan untuk darah semakin kuat dari sebelumnya.

Buck era un cazador, un asesino, que se alimentaba de criaturas vivas.
Buck adalah seorang pemburu, pembunuh, memberi makan kepada makhluk hidup.

Sobrevivió solo, confiando en su fuerza y sus sentidos agudos.
Dia bertahan sendirian, bergantung pada kekuatan dan deria yang tajam.

Prosperó en la naturaleza, donde sólo los más resistentes podían vivir.
Dia hidup subur di alam liar, di mana hanya yang paling sukar boleh hidup.

A partir de esto, un gran orgullo surgió y llenó todo el ser de Buck.
Dari sini, rasa bangga yang besar timbul dan memenuhi seluruh diri Buck.

Su orgullo se reflejaba en cada uno de sus pasos, en el movimiento de cada músculo.
Kebanggaannya ditunjukkan dalam setiap langkahnya, dalam riak setiap otot.

Su orgullo era tan claro como sus palabras, y se reflejaba en su manera de comportarse.
Kebanggaannya jelas seperti ucapan, dilihat dari cara dia membawa dirinya.

Incluso su grueso pelaje parecía más majestuoso y brillaba más.
Malah kot tebalnya kelihatan lebih megah dan berkilauan lebih terang.

Buck podría haber sido confundido con un lobo gigante.
Buck boleh disalah anggap sebagai serigala kayu gergasi.

A excepción del color marrón en el hocico y las manchas sobre los ojos.
Kecuali coklat pada muncungnya dan bintik-bintik di atas matanya.
Y la raya blanca de pelo que corría por el centro de su pecho.
Dan jalur bulu putih yang mengalir di tengah dadanya.
Era incluso más grande que el lobo más grande de esa feroz raza.
Dia lebih besar daripada serigala terbesar dari baka garang itu.
Su padre, un San Bernardo, le dio tamaño y complexión robusta.
Bapanya, seorang St. Bernard, memberinya saiz dan rangka berat.
Su madre, una pastora, moldeó esa masa hasta darle forma de lobo.
Ibunya, seorang gembala, membentuk pukal itu menjadi bentuk seperti serigala.
Tenía el hocico largo de un lobo, aunque más pesado y ancho.
Dia mempunyai muncung panjang seperti serigala, walaupun lebih berat dan lebih luas.
Su cabeza era la de un lobo, pero construida en una escala enorme y majestuosa.
Kepalanya adalah kepala serigala, tetapi dibina pada skala yang besar dan megah.
La astucia de Buck era la astucia del lobo y de la naturaleza.
Kelicikan Buck adalah kelicikan serigala dan liar.
Su inteligencia provenía tanto del pastor alemán como del san bernardo.
Kepintarannya datang dari Gembala Jerman dan St. Bernard.
Todo esto, más la dura experiencia, lo convirtieron en una criatura temible.
Semua ini, ditambah dengan pengalaman yang keras, menjadikannya makhluk yang menakutkan.
Era tan formidable como cualquier bestia que vagaba por las tierras salvajes del norte.

Dia hebat seperti mana-mana binatang yang berkeliaran di alam liar utara.

Viviendo sólo de carne, Buck alcanzó el máximo nivel de su fuerza.

Hidup hanya dengan daging, Buck mencapai kemuncak kekuatannya.

Rebosaba poder y fuerza masculina en cada fibra de él.

Dia dilimpahi dengan kuasa dan kekuatan lelaki dalam setiap serabutnya.

Cuando Thornton le acarició la espalda, sus pelos brillaron con energía.

Apabila Thornton mengusap belakangnya, bulu-bulu itu tercetus dengan tenaga.

Cada cabello crujió, cargado con el toque de un magnetismo vivo.

Setiap rambut merekah, dicas dengan sentuhan kemagnetan hidup.

Su cuerpo y su cerebro estaban afinados al máximo nivel posible.

Badan dan otaknya ditala pada nada yang terbaik.

Cada nervio, fibra y músculo trabajaba en perfecta armonía.

Setiap saraf, serat dan otot berfungsi dalam harmoni yang sempurna.

Ante cualquier sonido o visión que requiriera acción, él respondía instantáneamente.

Untuk sebarang bunyi atau penglihatan yang memerlukan tindakan, dia bertindak balas serta-merta.

Si un husky saltaba para atacar, Buck podía saltar el doble de rápido.

Jika seekor husky melompat untuk menyerang, Buck boleh melompat dua kali lebih pantas.

Reaccionó más rápido de lo que los demás pudieron verlo o escuchar.

Dia bertindak balas lebih cepat daripada yang orang lain boleh lihat atau dengar.

La percepción, la decisión y la acción se produjeron en un momento fluido.

Persepsi, keputusan dan tindakan semuanya datang dalam satu saat yang cair.

En realidad, estos actos fueron separados, pero demasiado rápidos para notarlos.

Sebenarnya, perbuatan ini adalah berasingan, tetapi terlalu cepat untuk diperhatikan.

Los intervalos entre estos actos fueron tan breves que parecían uno solo.

Begitu singkat jurang antara perbuatan ini, mereka seolah-olah satu.

Sus músculos y su ser eran como resortes fuertemente enrollados.

Otot-otot dan makhluknya seperti mata air yang bergulung rapat.

Su cuerpo rebosaba de vida, salvaje y alegre en su poder.

Tubuhnya melonjak dengan kehidupan, liar dan gembira dalam kuasanya.

A veces sentía como si la fuerza fuera a estallar fuera de él por completo.

Ada kalanya dia merasakan seperti kuasa itu akan meletup keluar dari dirinya sepenuhnya.

"Nunca vi un perro así", dijo Thornton un día tranquilo.

"Tidak pernah ada anjing seperti itu," kata Thornton pada suatu hari yang tenang.

Los socios observaron a Buck alejarse orgullosamente del campamento.

Rakan kongsi memerhati Buck melangkah dengan bangga dari kem.

"Cuando lo crearon, cambió lo que un perro puede ser", dijo Pete.

"Apabila dia dibuat, dia mengubah apa yang boleh menjadi anjing," kata Pete.

—¡Por Dios! Yo también lo creo —respondió Hans rápidamente.

"Demi Yesus! Saya sendiri fikir begitu," Hans segera bersetuju.

Lo vieron marcharse, pero no el cambio que vino después.

Mereka melihat dia berarak, tetapi bukan perubahan yang berlaku selepas itu.

Tan pronto como entró en el bosque, Buck se transformó por completo.

Sebaik sahaja dia memasuki hutan, Buck berubah sepenuhnya.

Ya no marchaba, sino que se movía como un fantasma salvaje entre los árboles.

Dia tidak lagi berarak, tetapi bergerak seperti hantu liar di antara pokok.

Se quedó en silencio, con pasos de gato, un destello que pasaba entre las sombras.

Dia menjadi senyap, berkaki kucing, kelipan melalui bayang-bayang.

Utilizó la cubierta con habilidad, arrastrándose sobre su vientre como una serpiente.

Dia menggunakan penutup dengan kemahiran, merangkak di perutnya seperti ular.

Y como una serpiente, podía saltar hacia adelante y atacar en silencio.

Dan seperti ular, dia boleh melompat ke hadapan dan menyerang dalam diam.

Podría robar una perdiz nival directamente de su nido escondido.

Dia boleh mencuri ptarmigan terus dari sarangnya yang tersembunyi.

Mató conejos dormidos sin hacer un solo sonido.

Dia membunuh arnab yang sedang tidur tanpa satu suara pun.

Podía atrapar ardillas en el aire cuando huían demasiado lentamente.

Dia boleh menangkap chipmunks di udara kerana mereka melarikan diri terlalu perlahan.

Ni siquiera los peces en los estanques podían escapar de sus ataques repentinos.

Malah ikan di dalam kolam tidak dapat melarikan diri dari serangannya yang tiba-tiba.

Ni siquiera los castores más inteligentes que arreglaban presas estaban a salvo de él.
Malah memerang yang pandai membaiki empangan tidak selamat daripadanya.
Él mataba por comida, no por diversión, pero prefería matar a sus propias víctimas.
Dia membunuh untuk makanan, bukan untuk berseronok-tetapi paling suka membunuhnya sendiri.
Aun así, un humor astuto impregnaba algunas de sus cacerías silenciosas.
Namun, jenaka licik mengalir melalui beberapa pemburuan senyapnya.
Se acercó sigilosamente a las ardillas, pero las dejó escapar.
Dia merayap dekat dengan tupai, hanya untuk membiarkan mereka melarikan diri.
Iban a huir hacia los árboles, parloteando con terrible indignación.
Mereka akan melarikan diri ke pokok-pokok, berbual-bual dalam kemarahan yang menakutkan.
A medida que llegaba el otoño, los alces comenzaron a aparecer en mayor número.
Apabila musim gugur tiba, moose mula muncul dalam jumlah yang lebih besar.
Avanzaron lentamente hacia los valles bajos para encontrarse con el invierno.
Mereka bergerak perlahan-lahan ke lembah rendah untuk memenuhi musim sejuk.
Buck ya había derribado a un ternero joven y perdido.
Buck telah membawa turun seekor anak lembu yang masih muda dan liar.
Pero anhelaba enfrentarse a presas más grandes y peligrosas.
Tetapi dia ingin menghadapi mangsa yang lebih besar dan lebih berbahaya.
Un día, en la divisoria, a la altura del nacimiento del arroyo, encontró su oportunidad.
Pada suatu hari di jurang, di kepala anak sungai, dia mendapat peluang.

Una manada de veinte alces había cruzado desde tierras boscosas.
Sekumpulan dua puluh rusa utara telah menyeberang dari kawasan hutan.
Entre ellos había un poderoso toro; el líder del grupo.
Di antara mereka ada seekor lembu jantan yang gagah perkasa; ketua kumpulan itu.
El toro medía más de seis pies de alto y parecía feroz y salvaje.
Lembu jantan itu berdiri lebih daripada enam kaki tinggi dan kelihatan garang dan liar.
Lanzó sus anchas astas, con catorce puntas ramificándose hacia afuera.
Dia melemparkan tanduk lebarnya, empat belas mata bercabang ke luar.
Las puntas de esas astas se extendían siete pies de ancho.
Hujung tanduk itu terbentang tujuh kaki.
Sus pequeños ojos ardieron de rabia cuando vio a Buck cerca.
Mata kecilnya terbakar dengan kemarahan apabila dia melihat Buck berhampiran.
Soltó un rugido furioso, temblando de furia y dolor.
Dia mengeluarkan raungan marah, menggeletar dengan kemarahan dan kesakitan.
Una punta de flecha sobresalía cerca de su flanco, emplumada y afilada.
Hujung anak panah tersangkut dekat rusuknya, berbulu dan tajam.
Esta herida ayudó a explicar su humor salvaje y amargado.
Luka ini membantu menjelaskan perasaannya yang biadab dan pahit.
Buck, guiado por su antiguo instinto de caza, hizo su movimiento.
Buck, dipandu oleh naluri memburu kuno, membuat langkahnya.
Su objetivo era separar al toro del resto de la manada.

Dia bertujuan untuk memisahkan lembu jantan daripada kumpulan yang lain.
No fue una tarea fácil: requirió velocidad y una astucia feroz.
Ini bukanlah tugas yang mudah—ia memerlukan kepantasan dan kelicikan yang sengit.
Ladró y bailó cerca del toro, fuera de su alcance.
Dia menyalak dan menari berhampiran lembu jantan itu, hanya di luar jangkauan.
El alce atacó con enormes pezuñas y astas mortales.
Moose itu menerjang dengan kuku yang besar dan tanduk yang mematikan.
Un golpe podría haber acabado con la vida de Buck en un instante.
Satu pukulan boleh menamatkan nyawa Buck dalam sekejap.
Incapaz de dejar atrás la amenaza, el toro se volvió loco.
Tidak dapat meninggalkan ancaman itu, lembu jantan itu menjadi marah.
Él cargó con furia, pero Buck siempre se le escapaba.
Dia menuduh dengan marah, tetapi Buck sentiasa terlepas.
Buck fingió debilidad, lo que lo alejó aún más de la manada.
Buck memalsukan kelemahan, memikatnya lebih jauh dari kumpulan itu.
Pero los toros jóvenes estaban a punto de atacar para proteger al líder.
Tetapi lembu jantan muda akan menyerang balik untuk melindungi pemimpin.
Obligaron a Buck a retirarse y al toro a reincorporarse al grupo.
Mereka memaksa Buck untuk berundur dan lembu jantan untuk menyertai semula kumpulan itu.
Hay una paciencia en lo salvaje, profunda e imparable.
Terdapat kesabaran di alam liar, mendalam dan tidak dapat dihalang.
Una araña espera inmóvil en su red durante incontables horas.
Labah-labah menunggu tanpa bergerak dalam sarangnya selama berjam-jam.

Una serpiente se enrosca sin moverse y espera hasta que llega el momento.
Seekor ular melingkar tanpa berkedut, dan menunggu sehingga tiba masanya.
Una pantera acecha hasta que llega el momento.
Seekor harimau kumbang berada dalam serangan hendap, sehingga saatnya tiba.
Ésta es la paciencia de los depredadores que cazan para sobrevivir.
Inilah kesabaran pemangsa yang memburu untuk terus hidup.
Esa misma paciencia ardía dentro de Buck mientras se quedaba cerca.
Kesabaran yang sama membara di dalam diri Buck apabila dia berada dekat.
Se quedó cerca de la manada, frenando su marcha y sembrando el miedo.
Dia tinggal berhampiran kawanan itu, memperlahankan perarakannya dan menimbulkan ketakutan.
Provocaba a los toros jóvenes y acosaba a las vacas madres.
Dia mengusik lembu jantan muda dan mengganggu ibu lembu.
Empujó al toro herido hacia una rabia más profunda e impotente.
Dia menghalau lembu jantan yang cedera itu ke dalam kemarahan yang lebih mendalam dan tidak berdaya.
Durante medio día, la lucha se prolongó sin descanso alguno.
Selama setengah hari, pergaduhan itu berlarutan tanpa rehat langsung.
Buck atacó desde todos los ángulos, rápido y feroz como el viento.
Buck menyerang dari setiap sudut, pantas dan ganas seperti angin.
Impidió que el toro descansara o se escondiera con su manada.
Dia menahan lembu jantan itu daripada berehat atau bersembunyi bersama kawanannya.

Buck desgastó la voluntad del alce más rápido que su cuerpo.
Buck melemahkan wasiat moose lebih cepat daripada badannya.

El día transcurrió y el sol se hundió en el cielo del noroeste.
Hari berlalu dan matahari terbenam rendah di langit barat laut.

Los toros jóvenes regresaron más lentamente para ayudar a su líder.
Lembu jantan muda kembali dengan lebih perlahan untuk membantu ketua mereka.

Las noches de otoño habían regresado y la oscuridad ahora duraba seis horas.
Malam musim luruh telah kembali, dan kegelapan kini berlangsung selama enam jam.

El invierno los estaba empujando cuesta abajo hacia valles más seguros y cálidos.
Musim sejuk mendorong mereka menuruni bukit ke lembah yang lebih selamat dan lebih hangat.

Pero aún así no pudieron escapar del cazador que los retenía.
Tetapi mereka tetap tidak dapat melarikan diri dari pemburu yang menahan mereka.

Sólo una vida estaba en juego: no la de la manada, sino la de su líder.
Hanya satu nyawa yang dipertaruhkan—bukan kawanan, hanya ketua mereka.

Eso hizo que la amenaza fuera distante y no su preocupación urgente.
Itu menjadikan ancaman itu jauh dan bukan kebimbangan mendesak mereka.

Con el tiempo, aceptaron ese coste y dejaron que Buck se llevara al viejo toro.
Pada masanya, mereka menerima kos ini dan membiarkan Buck mengambil lembu jantan tua.

Al caer la tarde, el viejo toro permanecía con la cabeza gacha.
Apabila senja tiba, lembu jantan tua itu berdiri dengan kepala menunduk.

Observó cómo la manada que había guiado se desvanecía en la luz que se desvanecía.
Dia melihat kawanan yang dipimpinnya lenyap ke dalam cahaya yang semakin pudar.
Había vacas que había conocido, terneros que una vez había engendrado.
Ada lembu yang dikenalinya, anak lembu yang pernah dianakkannya.
Había toros más jóvenes con los que había luchado y gobernado en temporadas pasadas.
Terdapat lembu jantan muda yang telah dia lawan dan memerintah pada musim lalu.
No pudo seguirlos, pues frente a él estaba agazapado nuevamente Buck.
Dia tidak boleh mengikuti mereka-kerana sebelum dia crouched Buck lagi.
El terror despiadado con colmillos bloqueó cualquier camino que pudiera tomar.
Keganasan bertaring tanpa belas kasihan menghalang setiap laluan yang mungkin dia ambil.
El toro pesaba más de trescientos kilos de densa potencia.
Lembu jantan itu mempunyai berat lebih daripada tiga ratus berat kuasa padat.
Había vivido mucho tiempo y luchado con ahínco en un mundo de luchas.
Dia telah hidup lama dan berjuang keras dalam dunia perjuangan.
Pero ahora, al final, la muerte vino de una bestia muy inferior a él.
Namun kini, pada akhirnya, kematian datang dari seekor binatang yang jauh di bawahnya.
La cabeza de Buck ni siquiera llegó a alcanzar las enormes rodillas del toro.
Kepala Buck tidak pun naik ke lutut lembu jantan besar buku jari.
A partir de ese momento, Buck permaneció con el toro noche y día.

Sejak saat itu, Buck tinggal bersama lembu jantan itu siang dan malam.

Nunca le dio descanso, nunca le permitió pastar ni beber.

Dia tidak pernah memberinya rehat, tidak pernah membenarkannya meragut atau minum.

El toro intentó comer brotes tiernos de abedul y hojas de sauce.

Lembu jantan cuba memakan pucuk birch muda dan daun willow.

Pero Buck lo ahuyentó, siempre alerta y siempre atacando.

Tetapi Buck menghalaunya, sentiasa berjaga-jaga dan sentiasa menyerang.

Incluso ante arroyos que goteaban, Buck bloqueó cada intento de sed.

Walaupun di sungai yang mengalir, Buck menyekat setiap percubaan yang dahaga.

A veces, desesperado, el toro huía a toda velocidad.

Kadang-kadang, dalam keadaan terdesak, lembu jantan itu melarikan diri dengan laju.

Buck lo dejó correr, trotando tranquilamente detrás, nunca muy lejos.

Buck membiarkan dia berlari, melompat dengan tenang di belakang, tidak pernah jauh.

Cuando el alce se detuvo, Buck se acostó, pero se mantuvo listo.

Apabila moose berhenti seketika, Buck baring, tetapi tetap bersedia.

Si el toro intentaba comer o beber, Buck atacaba con toda furia.

Jika lembu jantan cuba makan atau minum, Buck menyerang dengan penuh kemarahan.

La gran cabeza del toro se hundió aún más bajo sus enormes astas.

Kepala lembu jantan yang besar itu jatuh ke bawah di bawah tanduknya yang besar.

Su paso se hizo más lento, el trote se hizo pesado, un paso tambaleante.

Langkahnya perlahan, lariannya menjadi berat; berjalan tersandung.

A menudo se quedaba quieto con las orejas caídas y la nariz pegada al suelo.

Dia sering berdiri diam dengan telinga dan hidung terkulai ke tanah.

Durante esos momentos, Buck se tomó tiempo para beber y descansar.

Pada saat-saat itu, Buck mengambil masa untuk minum dan berehat.

Con la lengua afuera y los ojos fijos, Buck sintió que la tierra estaba cambiando.

Lidah keluar, mata terpejam, Buck merasakan tanah itu berubah.

Sintió algo nuevo moviéndose a través del bosque y el cielo.

Dia merasakan sesuatu yang baru bergerak melalui hutan dan langit.

A medida que los alces regresaban, también lo hacían otras criaturas salvajes.

Apabila moose kembali, begitu juga dengan makhluk liar yang lain.

La tierra se sentía viva, con presencia, invisible pero fuertemente conocida.

Tanah itu terasa hidup dengan kehadiran, tidak kelihatan tetapi sangat dikenali.

No fue por el sonido, ni por la vista, ni por el olfato que Buck supo esto.

Ia bukan dengan bunyi, penglihatan, mahupun dengan bau yang Buck tahu ini.

Un sentimiento más profundo le decía que nuevas fuerzas estaban en movimiento.

Rasa yang lebih mendalam memberitahunya bahawa pasukan baru sedang bergerak.

Una vida extraña se agitaba en los bosques y a lo largo de los arroyos.

Kehidupan aneh bergelora di hutan dan di sepanjang sungai.

Decidió explorar este espíritu, después de que la caza se completara.
Dia memutuskan untuk meneroka semangat ini, selepas pemburuan selesai.
Al cuarto día, Buck finalmente logró derribar al alce.
Pada hari keempat, Buck akhirnya menurunkan moose itu.
Se quedó junto a la presa durante un día y una noche enteros, alimentándose y descansando.
Dia tinggal di dekat pembunuhan itu selama sehari dan malam penuh, memberi makan dan berehat.
Comió, luego durmió, luego volvió a comer, hasta que estuvo fuerte y lleno.
Dia makan, kemudian tidur, kemudian makan lagi, sehingga dia kuat dan kenyang.
Cuando estuvo listo, regresó hacia el campamento y Thornton.
Apabila dia sudah bersedia, dia berpatah balik ke arah kem dan Thornton.
Con ritmo constante, inició el largo viaje de regreso a casa.
Dengan langkah yang mantap, dia memulakan perjalanan pulang yang panjang.
Corría con su incansable galope, hora tras hora, sin desviarse jamás.
Dia berlari dalam lompat tanpa jemu, jam demi jam, tidak pernah sesat.
A través de tierras desconocidas, se movió recto como la aguja de una brújula.
Melalui tanah yang tidak diketahui, dia bergerak lurus seperti jarum kompas.
Su sentido de la orientación hacía que el hombre y el mapa parecieran débiles en comparación.
Rasa arahnya menjadikan manusia dan peta kelihatan lemah jika dibandingkan.
A medida que Buck corría, sentía con más fuerza la agitación en la tierra salvaje.
Semasa Buck berlari, dia berasa lebih kuat kacau di tanah liar.

Era un nuevo tipo de vida, diferente a la de los tranquilos meses de verano.
Ia adalah jenis kehidupan baru, tidak seperti bulan-bulan musim panas yang tenang.

Este sentimiento ya no llegaba como un mensaje sutil o distante.
Perasaan ini tidak lagi datang sebagai mesej yang halus atau jauh.

Ahora los pájaros hablaban de esta vida y las ardillas parloteaban sobre ella.
Sekarang burung bercakap tentang kehidupan ini, dan tupai bercakap tentangnya.

Incluso la brisa susurraba advertencias a través de los árboles silenciosos.
Malah angin bertiup berbisik di celah-celah pokok yang sunyi.

Varias veces se detuvo y olió el aire fresco de la mañana.
Beberapa kali dia berhenti dan menghidu udara pagi yang segar.

Allí leyó un mensaje que le hizo avanzar más rápido.
Dia membaca mesej di situ yang membuatkan dia melompat ke hadapan dengan lebih pantas.

Una fuerte sensación de peligro lo llenó, como si algo hubiera salido mal.
Perasaan bahaya yang berat memenuhinya, seolah-olah ada sesuatu yang tidak kena.

Temía que se avecinara una calamidad, o que ya hubiera ocurrido.
Dia takut malapetaka akan datang—atau sudah datang.

Cruzó la última cresta y entró en el valle de abajo.
Dia menyeberangi rabung terakhir dan memasuki lembah di bawah.

Se movió más lentamente, alerta y cauteloso con cada paso.
Dia bergerak lebih perlahan, berjaga-jaga dan berhati-hati dengan setiap langkah.

A tres millas de distancia encontró un nuevo rastro que lo hizo ponerse rígido.

Tiga batu keluar dia menemui jejak baru yang membuatnya kaku.
El cabello de su cuello se onduló y se erizó en señal de alarma.
Rambut di lehernya beralun dan berbulu kerana cemas.
El sendero conducía directamente al campamento donde Thornton esperaba.
Laluan itu terus menuju ke kem tempat Thornton menunggu.
Buck se movió más rápido ahora, su paso era silencioso y rápido.
Buck bergerak lebih pantas sekarang, langkahnya senyap dan pantas.
Sus nervios se tensaron al leer señales que otros no verían.
Sarafnya menjadi tegang apabila dia membaca tanda-tanda orang lain akan terlepas.
Cada detalle del recorrido contaba una historia, excepto la pieza final.
Setiap butiran dalam denai menceritakan kisah—kecuali bahagian akhir.
Su nariz le contaba sobre la vida que había transcurrido por allí.
Hidungnya memberitahunya tentang kehidupan yang telah berlalu dengan cara ini.
El olor le dio una imagen cambiante mientras lo seguía de cerca.
Bau itu memberinya gambaran yang berubah-ubah sambil mengekori dari belakang.
Pero el bosque mismo había quedado en silencio; anormalmente quieto.
Tetapi hutan itu sendiri telah menjadi sunyi; masih tidak wajar.
Los pájaros habían desaparecido, las ardillas estaban escondidas, silenciosas y quietas.
Burung telah hilang, tupai tersembunyi, diam dan diam.
Sólo vio una ardilla gris, tumbada sobre un árbol muerto.
Dia melihat hanya seekor tupai kelabu, rata di atas pokok mati.

La ardilla se mimetizó, rígida e inmóvil como una parte del bosque.
Tupai bercampur, kaku dan tidak bergerak seperti sebahagian daripada hutan.
Buck se movía como una sombra, silencioso y seguro entre los árboles.
Buck bergerak seperti bayang-bayang, senyap dan pasti melalui pepohonan.
Su nariz se movió hacia un lado como si una mano invisible la tirara.
Hidungnya tersentak ke tepi seperti ditarik oleh tangan ghaib.
Se giró y siguió el nuevo olor hasta lo profundo de un matorral.
Dia berpaling dan mengikuti bau baru itu jauh ke dalam belukar.
Allí encontró a Nig, que yacía muerto, atravesado por una flecha.
Di sana dia mendapati Nig, terbaring mati, tertusuk anak panah.
La flecha atravesó su cuerpo y aún se le veían las plumas.
Batang itu melepasi badannya, bulu masih kelihatan.
Nig se arrastró hasta allí, pero murió antes de llegar para recibir ayuda.
Nig telah mengheret dirinya ke sana, tetapi meninggal dunia sebelum mendapatkan bantuan.
Cien metros más adelante, Buck encontró otro perro de trineo.
Seratus ela lebih jauh, Buck menemui seekor lagi anjing kereta luncur.
Era un perro que Thornton había comprado en Dawson City.
Ia adalah seekor anjing yang dibeli semula oleh Thornton di Bandar Dawson.
El perro se encontraba en una lucha a muerte, agitándose con fuerza en el camino.
Anjing itu dalam perjuangan maut, meronta-ronta di atas denai.

Buck pasó a su alrededor, sin detenerse, con los ojos fijos hacia adelante.
Buck mengelilinginya, tidak berhenti, mata memandang ke hadapan.
Desde la dirección del campamento llegaba un canto distante y rítmico.
Dari arah perkhemahan terdengar nyanyian berirama yang jauh.
Las voces subían y bajaban en un tono extraño, inquietante y cantarín.
Suara-suara naik dan turun dalam nada nyanyian yang pelik, ngeri dan menyeramkan.
Buck se arrastró hacia el borde del claro en silencio.
Buck merangkak ke hadapan ke tepi kawasan lapang dalam senyap.
Allí vio a Hans tendido boca abajo, atravesado por muchas flechas.
Di sana dia melihat Hans terbaring menghadap ke bawah, tertusuk dengan banyak anak panah.
Su cuerpo parecía el de un puercoespín, erizado de plumas.
Badannya kelihatan seperti landak, berbulu dengan batang berbulu.
En ese mismo momento, Buck miró hacia la cabaña en ruinas.
Pada masa yang sama, Buck memandang ke arah pondok yang musnah.
La visión hizo que se le erizara el pelo de la nuca y de los hombros.
Pemandangan itu membuatkan rambutnya naik kaku di leher dan bahunya.
Una tormenta de furia salvaje recorrió todo el cuerpo de Buck.
Ribut kemarahan liar melanda seluruh tubuh Buck.
Gruñó en voz alta, aunque no sabía que lo había hecho.
Dia menggeram kuat, walaupun dia tidak tahu bahawa dia telah.
El sonido era crudo, lleno de furia aterradora y salvaje.

Bunyi itu mentah, dipenuhi dengan kemarahan yang menakutkan dan ganas.

Por última vez en su vida, Buck perdió la razón ante la emoción.

Untuk kali terakhir dalam hidupnya, Buck kehilangan sebab untuk emosi.

Fue el amor por John Thornton lo que rompió su cuidadoso control.

Ia adalah cinta untuk John Thornton yang mematahkan kawalan berhati-hatinya.

Los Yeehats estaban bailando alrededor de la cabaña de abetos en ruinas.

Yeehats sedang menari di sekitar pondok cemara yang rosak.

Entonces se escuchó un rugido y una bestia desconocida cargó hacia ellos.

Kemudian terdengar raungan—dan seekor binatang yang tidak dikenali menyerang mereka.

Era Buck; una furia en movimiento; una tormenta viviente de venganza.

Ia adalah Buck; kemarahan dalam gerakan; ribut dendam yang hidup.

Se arrojó en medio de ellos, loco por la necesidad de matar.

Dia melemparkan dirinya ke tengah-tengah mereka, gila dengan keperluan untuk membunuh.

Saltó hacia el primer hombre, el jefe Yeehat, y acertó.

Dia melompat ke arah lelaki pertama, ketua Yeehat, dan benar.

Su garganta fue desgarrada y la sangre brotó a chorros.

Kerongkongnya tercabut, dan darah memancut dalam aliran.

Buck no se detuvo, sino que desgarró la garganta del siguiente hombre de un salto.

Buck tidak berhenti, tetapi mengoyakkan kerongkong lelaki seterusnya dengan satu lompatan.

Era imparable: desgarraba, cortaba y nunca se detenía a descansar.

Dia tidak dapat dihalang—mencabik, menetak, tidak pernah berhenti untuk berehat.

Se lanzó y saltó tan rápido que sus flechas no pudieron tocarlo.
Dia melesat dan melompat begitu pantas anak panah mereka tidak dapat menyentuhnya.

Los Yeehats estaban atrapados en su propio pánico y confusión.
Yeehats terperangkap dalam panik dan kekeliruan mereka sendiri.

Sus flechas no alcanzaron a Buck y se alcanzaron entre sí.
Anak panah mereka terlepas Buck dan menyerang satu sama lain sebaliknya.

Un joven le lanzó una lanza a Buck y golpeó a otro hombre.
Seorang pemuda merejam lembing ke arah Buck dan terkena lelaki lain.

La lanza le atravesó el pecho y la punta le atravesó la espalda.
Lembing itu menembusi dadanya, mata itu menumbuk belakangnya.

El terror se apoderó de los Yeehats y se retiraron por completo.
Keganasan melanda Yeehats, dan mereka berundur sepenuhnya.

Gritaron al Espíritu Maligno y huyeron hacia las sombras del bosque.
Mereka menjerit tentang Roh Jahat dan melarikan diri ke dalam bayang-bayang hutan.

En verdad, Buck era como un demonio mientras perseguía a los Yeehats.
Sungguh, Buck seperti syaitan ketika dia mengejar Yeehats.

Él los persiguió a través del bosque, derribándolos como si fueran ciervos.
Dia merobek mereka melalui hutan, menjatuhkan mereka seperti rusa.

Se convirtió en un día de destino y terror para los asustados Yeehats.
Ia menjadi hari nasib dan ketakutan bagi Yeehats yang ketakutan.

Se dispersaron por toda la tierra, huyendo lejos en todas direcciones.
Mereka bertebaran di seluruh negeri, melarikan diri jauh ke setiap arah.

Pasó una semana entera antes de que los últimos supervivientes se reunieran en un valle.
Seminggu penuh berlalu sebelum mangsa terakhir yang terselamat bertemu di sebuah lembah.

Sólo entonces contaron sus pérdidas y hablaron de lo sucedido.
Selepas itu barulah mereka mengira kerugian mereka dan bercakap tentang apa yang berlaku.

Buck, después de cansarse de la persecución, regresó al campamento en ruinas.
Buck, selepas penat mengejar, kembali ke kem yang hancur.

Encontró a Pete, todavía en sus mantas, muerto en el primer ataque.
Dia mendapati Pete, masih dalam selimutnya, terbunuh dalam serangan pertama.

Las señales de la última lucha de Thornton estaban marcadas en la tierra cercana.
Tanda-tanda perjuangan terakhir Thornton ditandakan di tanah berhampiran.

Buck siguió cada rastro, olfateando cada marca hasta un punto final.
Buck mengikuti setiap jejak, menghidu setiap tanda ke titik akhir.

En el borde de un estanque profundo, encontró al fiel Skeet, tumbado inmóvil.
Di tepi kolam yang dalam, dia mendapati Skeet yang setia, terbaring diam.

La cabeza y las patas delanteras de Skeet estaban en el agua, inmóviles por la muerte.
Kepala dan kaki depan Skeet berada di dalam air, tidak bergerak dalam kematian.

La piscina estaba fangosa y contaminada por el agua que salía de las compuertas.

Kolam itu berlumpur dan dicemari dengan air larian dari kotak air.
Su superficie nublada ocultaba lo que había debajo, pero Buck sabía la verdad.
Permukaannya yang mendung menyembunyikan apa yang ada di bawahnya, tetapi Buck tahu kebenarannya.
Siguió el rastro del olor de Thornton hasta la piscina, pero el olor no lo condujo a ningún otro lugar.
Dia menjejaki bau Thornton ke dalam kolam—tetapi bau itu tidak membawa ke mana-mana lagi.
No había ningún olor que indicara que salía, solo el silencio de las aguas profundas.
Tiada bau yang keluar—hanya kesunyian air dalam.
Buck permaneció todo el día cerca de la piscina, paseando de un lado a otro del campamento con tristeza.
Sepanjang hari Buck tinggal berhampiran kolam renang, mundar-mandir kem dalam kesedihan.
Vagaba inquieto o permanecía sentado en silencio, perdido en pesados pensamientos.
Dia mengembara gelisah atau duduk diam, hilang dalam pemikiran yang berat.
Él conocía la muerte; el fin de la vida; la desaparición de todo movimiento.
Dia tahu kematian; pengakhiran hidup; lenyapnya semua gerakan.
Comprendió que John Thornton se había ido y que nunca regresaría.
Dia faham bahawa John Thornton telah tiada, tidak akan kembali.
La pérdida dejó en él un vacío que palpitaba como el hambre.
Kehilangan itu meninggalkan ruang kosong dalam dirinya yang berdebar-debar seperti kelaparan.
Pero ésta era un hambre que la comida no podía calmar, por mucho que comiera.
Tetapi ini adalah makanan kelaparan yang tidak dapat diredakan, tidak kira berapa banyak yang dia makan.

A veces, mientras miraba a los Yeehats muertos, el dolor se desvanecía.
Ada kalanya, ketika dia melihat Yeehats yang telah mati, rasa sakitnya hilang.
Y entonces un orgullo extraño surgió dentro de él, feroz y completo.
Dan kemudian kebanggaan aneh timbul dalam dirinya, garang dan lengkap.
Había matado al hombre, la presa más alta y peligrosa de todas.
Dia telah membunuh manusia, permainan yang paling tinggi dan paling berbahaya.
Había matado desafiando la antigua ley del garrote y el colmillo.
Dia telah membunuh kerana melanggar undang-undang kuno kelab dan taring.
Buck olió sus cuerpos sin vida, curioso y pensativo.
Buck menghidu badan mereka yang tidak bermaya, ingin tahu dan berfikir.
Habían muerto con tanta facilidad, mucho más fácil que un husky en una pelea.
Mereka telah mati dengan mudah—lebih mudah daripada seekor husky dalam pergaduhan.
Sin sus armas, no tenían verdadera fuerza ni representaban una amenaza.
Tanpa senjata mereka, mereka tidak mempunyai kekuatan atau ancaman sebenar.
Buck nunca volvería a temerles, a menos que estuvieran armados.
Buck tidak akan takut kepada mereka lagi, melainkan mereka bersenjata.
Sólo tenía cuidado cuando llevaban garrotes, lanzas o flechas.
Hanya apabila mereka membawa kayu, lembing, atau anak panah dia akan berhati-hati.

Cayó la noche y la luna llena se elevó por encima de las copas de los árboles.
Malam tiba, dan bulan purnama naik tinggi di atas puncak pokok.
La pálida luz de la luna bañaba la tierra con un resplandor suave y fantasmal, como el del día.
Cahaya pucat bulan membasahi bumi dalam cahaya yang lembut seperti siang.
A medida que la noche avanzaba, Buck seguía de luto junto al estanque silencioso.
Apabila malam semakin mendalam, Buck masih berkabung di tepi kolam yang sunyi.
Entonces se dio cuenta de que había un movimiento diferente en el bosque.
Kemudian dia menyedari kacau yang berbeza di dalam hutan.
El movimiento no provenía de los Yeehats, sino de algo más antiguo y más profundo.
Kacau itu bukan dari Yeehats, tetapi dari sesuatu yang lebih tua dan lebih dalam.
Se puso de pie, con las orejas levantadas y la nariz palpando la brisa con cuidado.
Dia berdiri, telinga diangkat, hidung menguji angin dengan berhati-hati.
Desde lejos llegó un grito débil y agudo que rompió el silencio.
Dari jauh terdengar jeritan samar dan tajam yang menembusi kesunyian.
Luego, un coro de gritos similares siguió de cerca al primero.
Kemudian paduan suara tangisan yang serupa mengikuti dekat di belakang yang pertama.
El sonido se acercaba cada vez más y se hacía más fuerte a cada momento que pasaba.
Bunyi itu semakin dekat, semakin kuat setiap saat.
Buck conocía ese grito: venía de ese otro mundo en su memoria.
Buck tahu seruan ini—ia datang dari dunia lain dalam ingatannya.

Caminó hasta el centro del espacio abierto y escuchó atentamente.
Dia berjalan ke tengah-tengah kawasan lapang dan mendengar dengan teliti.
El llamado resonó, múltiple y más poderoso que nunca.
Panggilan itu berbunyi, ramai-ramai dan lebih berkuasa daripada sebelumnya.
Y ahora, más que nunca, Buck estaba listo para responder a su llamado.
Dan kini, lebih daripada sebelumnya, Buck bersedia untuk menjawab panggilannya.
John Thornton había muerto y ya no tenía ningún vínculo con el hombre.
John Thornton telah mati, dan tiada ikatan dengan manusia kekal dalam dirinya.
El hombre y todos sus derechos humanos habían desaparecido: él era libre por fin.
Manusia dan semua tuntutan manusia telah hilang—akhirnya dia bebas.
La manada de lobos estaba persiguiendo carne como lo hicieron alguna vez los Yeehats.
Kumpulan serigala itu mengejar daging seperti yang dilakukan oleh Yeehats suatu ketika dahulu.
Habían seguido a los alces desde las tierras boscosas.
Mereka telah mengikuti rusa jantan turun dari tanah berkayu.
Ahora, salvajes y hambrientos de presa, cruzaron hacia su valle.
Sekarang, liar dan lapar akan mangsa, mereka menyeberang ke lembahnya.
Llegaron al claro iluminado por la luna, fluyendo como agua plateada.
Mereka datang ke dalam terang bulan, mengalir seperti air perak.
Buck permaneció quieto en el centro, inmóvil y esperándolos.
Buck berdiri diam di tengah, tidak bergerak dan menunggu mereka.

Su tranquila y gran presencia dejó a la manada en un breve silencio.
Kehadirannya yang tenang dan besar membuatkan kumpulan itu terdiam seketika.
Entonces el lobo más atrevido saltó hacia él sin dudarlo.
Kemudian serigala yang paling berani melompat terus ke arahnya tanpa teragak-agak.
Buck atacó rápidamente y rompió el cuello del lobo de un solo golpe.
Buck menyerang dengan pantas dan mematahkan leher serigala itu dalam satu pukulan.
Se quedó inmóvil nuevamente mientras el lobo moribundo se retorcía detrás de él.
Dia berdiri tidak bergerak lagi apabila serigala yang hampir mati itu berpusing di belakangnya.
Tres lobos más atacaron rápidamente, uno tras otro.
Tiga lagi serigala menyerang dengan pantas, satu demi satu.
Todos retrocedieron sangrando, con la garganta o los hombros destrozados.
Masing-masing berundur pendarahan, tekak atau bahu mereka dikelar.
Eso fue suficiente para que toda la manada se lanzara a una carga salvaje.
Itu sudah cukup untuk mencetuskan seluruh pek menjadi caj liar.
Se precipitaron juntos, demasiado ansiosos y apiñados para golpear bien.
Mereka bergegas masuk bersama-sama, terlalu bersemangat dan sesak untuk menyerang dengan baik.
La velocidad y habilidad de Buck le permitieron mantenerse por delante del ataque.
Kepantasan dan kemahiran Buck membolehkannya terus mendahului serangan.
Giró sobre sus patas traseras, chasqueando y golpeando en todas direcciones.
Dia berpusing pada kaki belakangnya, menyentap dan menyerang ke semua arah.

Para los lobos, esto parecía como si su defensa nunca se abriera ni flaqueara.
Bagi serigala, ini seolah-olah pertahanannya tidak pernah terbuka atau goyah.

Se giró y atacó tan rápido que no pudieron alcanzarlo.
Dia berpaling dan menetak dengan pantas sehingga mereka tidak dapat berada di belakangnya.

Sin embargo, su número le obligó a ceder terreno y retroceder.
Namun begitu, bilangan mereka memaksa dia untuk berputus asa dan berundur.

Pasó junto a la piscina y bajó al lecho rocoso del arroyo.
Dia bergerak melepasi kolam dan turun ke katil anak sungai yang berbatu.

Allí se topó con un empinado banco de grava y tierra.
Di sana dia bertemu dengan tebing kerikil dan tanah yang curam.

Se metió en un rincón cortado durante la antigua excavación de los mineros.
Dia tersungkur di sudut semasa penggalian lama pelombong.

Ahora, protegido por tres lados, Buck se enfrentaba únicamente al lobo frontal.
Kini, dilindungi di tiga sisi, Buck hanya berhadapan dengan serigala hadapan.

Allí se mantuvo a raya, listo para la siguiente ola de asalto.
Di sana, dia berdiri di teluk, bersedia untuk gelombang serangan seterusnya.

Buck se mantuvo firme con tanta fiereza que los lobos retrocedieron.
Buck berpegang teguh pada pendiriannya sehingga serigala berundur.

Después de media hora, estaban agotados y visiblemente derrotados.
Selepas setengah jam, mereka letih dan kelihatan kalah.

Sus lenguas colgaban y sus colmillos blancos brillaban a la luz de la luna.

Lidah mereka kelu, taring putih mereka berkilauan di bawah cahaya bulan.

Algunos lobos se tumbaron, con la cabeza levantada y las orejas apuntando hacia Buck.

Beberapa serigala berbaring, kepala terangkat, telinga dicucuk ke arah Buck.

Otros permanecieron inmóviles, alertas y observando cada uno de sus movimientos.

Yang lain berdiri diam, berjaga-jaga dan memerhati setiap gerak-gerinya.

Algunos se acercaron a la piscina y bebieron agua fría.

Beberapa orang merayau ke kolam dan menjilat air sejuk.

Entonces un lobo gris, largo y delgado, se acercó sigilosamente.

Kemudian seekor serigala kelabu yang panjang dan kurus merayap ke hadapan dengan cara yang lembut.

Buck lo reconoció: era el hermano salvaje de antes.

Buck mengenalinya-ia adalah abang liar sebelum ini.

El lobo gris gimió suavemente y Buck respondió con un gemido.

Serigala kelabu merengek perlahan, dan Buck membalas dengan rengek.

Se tocaron las narices, en silencio y sin amenaza ni miedo.

Mereka menyentuh hidung, secara senyap dan tanpa ancaman atau ketakutan.

Luego vino un lobo más viejo, demacrado y lleno de cicatrices por muchas batallas.

Seterusnya datang seekor serigala yang lebih tua, kurus dan berparut dari banyak pertempuran.

Buck empezó a gruñir, pero se detuvo y olió la nariz del viejo lobo.

Buck mula merengus, tetapi berhenti sebentar dan menghidu hidung serigala tua itu.

El viejo se sentó, levantó la nariz y aulló a la luna.

Orang tua itu duduk, mengangkat hidungnya, dan melolong pada bulan.

El resto de la manada se sentó y se unió al largo aullido.

Pek yang lain duduk dan ikut melolong panjang.
Y ahora el llamado llegó a Buck, inconfundible y fuerte.
Dan kini panggilan itu datang kepada Buck, tidak dapat disangkal dan kuat.
Se sentó, levantó la cabeza y aulló con los demás.
Dia duduk, mengangkat kepalanya, dan melolong dengan yang lain.
Cuando terminaron los aullidos, Buck salió de su refugio rocoso.
Apabila lolongan itu berakhir, Buck melangkah keluar dari tempat perlindungannya yang berbatu.
La manada se cerró a su alrededor, olfateando con amabilidad y cautela.
Pek itu menutup sekelilingnya, menghidu baik dan berhati-hati.
Entonces los líderes dieron un grito y salieron corriendo hacia el bosque.
Kemudian para pemimpin menjerit dan berlari ke dalam hutan.
Los demás lobos los siguieron, aullando a coro, salvajes y rápidos en la noche.
Serigala-serigala lain mengikuti, menjerit dalam paduan suara, liar dan pantas pada waktu malam.
Buck corrió con ellos, al lado de su hermano salvaje, aullando mientras corría.
Buck berlari dengan mereka, di sebelah abang liarnya, melolong sambil berlari.

Aquí la historia de Buck llega bien a su fin.
Di sini, kisah Buck akan sampai ke penghujungnya.
En los años siguientes, los Yeehat notaron lobos extraños.
Pada tahun-tahun berikutnya, Yeehats melihat serigala aneh.
Algunos tenían la cabeza y el hocico de color marrón y el pecho de color blanco.
Ada yang coklat di kepala dan muncung, putih di dada.
Pero aún más temían una figura fantasmal entre los lobos.

Tetapi lebih-lebih lagi, mereka takutkan sosok hantu di kalangan serigala.

Hablaban en susurros del Perro Fantasma, líder de la manada.

Mereka bercakap dalam bisikan tentang Anjing Hantu, ketua kumpulan itu.

Este perro fantasma tenía más astucia que el cazador Yeehat más audaz.

Anjing Hantu ini mempunyai lebih licik daripada pemburu Yeehat yang paling berani.

El perro fantasma robó de los campamentos en pleno invierno y destrozó sus trampas.

Anjing hantu itu mencuri dari kem pada musim sejuk yang mendalam dan mengoyakkan perangkap mereka.

El perro fantasma mató a sus perros y escapó de sus flechas sin dejar rastro.

Anjing hantu membunuh anjing mereka dan melarikan anak panah mereka tanpa jejak.

Incluso sus guerreros más valientes temían enfrentarse a este espíritu salvaje.

Malah pahlawan mereka yang paling berani takut menghadapi roh liar ini.

No, la historia se vuelve aún más oscura a medida que pasan los años en la naturaleza.

Tidak, kisah itu semakin gelap, apabila tahun berlalu di alam liar.

Algunos cazadores desaparecen y nunca regresan a sus campamentos distantes.

Sesetengah pemburu lenyap dan tidak pernah kembali ke kem mereka yang jauh.

Otros aparecen con la garganta abierta, muertos en la nieve.

Yang lain ditemui dengan kerongkong mereka terbuka, terbunuh dalam salji.

Alrededor de sus cuerpos hay huellas más grandes que las que cualquier lobo podría dejar.

Di sekeliling badan mereka terdapat jejak—lebih besar daripada yang boleh dibuat oleh serigala.

Cada otoño, los Yeehats siguen el rastro del alce.
Setiap musim luruh, Yeehats mengikuti jejak moose.

Pero evitan un valle con el miedo grabado en lo profundo de sus corazones.
Tetapi mereka mengelakkan satu lembah dengan ketakutan yang terukir jauh ke dalam hati mereka.

Dicen que el valle fue elegido por el Espíritu Maligno para vivir.
Mereka mengatakan lembah itu dipilih oleh Roh Jahat untuk rumahnya.

Y cuando se cuenta la historia, algunas mujeres lloran junto al fuego.
Dan apabila kisah itu diceritakan, beberapa wanita menangis di sebelah api.

Pero en verano, un visitante llega a ese tranquilo valle sagrado.
Tetapi pada musim panas, seorang pelawat datang ke lembah yang tenang dan suci itu.

Los Yeehats no saben de él, ni tampoco pueden entenderlo.
Yeehats tidak mengenalinya, dan mereka juga tidak dapat memahaminya.

El lobo es grande, revestido de gloria, como ningún otro de su especie.
Serigala adalah seekor yang hebat, disalut dengan kemuliaan, tidak seperti yang lain dari jenisnya.

Él solo cruza el bosque verde y entra en el claro.
Dia sendirian menyeberang dari kayu hijau dan memasuki padang rumput hutan.

Allí, el polvo dorado de los sacos de piel de alce se filtra en el suelo.
Di sana, debu emas dari karung kulit moose meresap ke dalam tanah.

La hierba y las hojas viejas han ocultado el amarillo al sol.
Rumput dan daun tua telah menyembunyikan kuning dari matahari.

Aquí, el lobo permanece en silencio, pensando y recordando.
Di sini, serigala berdiri dalam diam, berfikir dan mengingati.

Aúlla una vez, largo y triste, antes de darse la vuelta para irse.
Dia melolong sekali—lama dan sedih—sebelum dia berpaling untuk pergi.
Pero no siempre está solo en la tierra del frío y la nieve.
Namun dia tidak selalu bersendirian di tanah sejuk dan salji.
Cuando las largas noches de invierno descienden sobre los valles inferiores.
Apabila malam musim sejuk yang panjang turun di lembah yang lebih rendah.
Cuando los lobos persiguen a la presa a través de la luz de la luna y las heladas.
Apabila serigala mengikuti permainan melalui cahaya bulan dan fros.
Luego corre a la cabeza del grupo, saltando alto y salvajemente.
Kemudian dia berlari di kepala pek, melompat tinggi dan liar.
Su figura se eleva sobre las demás y su garganta está llena de canciones.
Bentuknya menjulang di atas yang lain, tekaknya hidup dengan nyanyian.
Es la canción del mundo más joven, la voz de la manada.
Ia adalah lagu dunia muda, suara kumpulan.
Canta mientras corre: fuerte, libre y eternamente salvaje.
Dia menyanyi sambil berlari—kuat, bebas, dan selamanya liar.

www.ingramcontent.com/pod-product-compliance
Lightning Source LLC
Chambersburg PA
CBHW010029040426
42333CB00048B/2752